# Edition Rosenberger

Die „Edition Rosenberger" versammelt praxisnahe Werke kompetenter Autoren rund um die Themen Führung, Beratung, Personal- und Unternehmensentwicklung. Alle Werke in der Reihe erschienen ursprünglich im Rosenberger Fachverlag, gegründet von dem Unternehmens- und Führungskräfteberater Dr. Walter Rosenberger, dessen Programm Springer Gabler 2014 übernommen hat.

Fred N. Bohlen

# Das Bewerber-Auswahl-Gespräch

## Wie Sie die richtigen Mitarbeiter finden

2., überarbeitete Auflage

 Springer Gabler

Fred N. Bohlen
Sarasota, USA

Bis 2014 erschien der Titel im Rosenberger Fachverlag, Leonberg.

Edition Rosenberger
ISBN 978-3-658-07833-1        ISBN 978-3-658-07834-8 (eBook)
DOI 10.1007/978-3-658-07834-8

Die Deutsche Nationalbibliothek verzeichnet diese Publikation in der Deutschen Nationalbi-
bliografie; detaillierte bibliografische Daten sind im Internet über http://dnb.d-nb.de abrufbar.

Springer Gabler
© Springer Fachmedien Wiesbaden Nachdruck 2015
Ursprünglich erschienen bei Rosenberger Fachverlag, Leonberg, 2002

Gedruckt auf säurefreiem und chlorfrei gebleichtem Papier

Springer Fachmedien Wiesbaden ist Teil der Fachverlagsgruppe Springer Science+Business Media
(www.springer.com)

# Inhalt

# Abbildungen und Musterformulare

# Vorwort

„Alle Bewerber sind ehrlich und willig zu arbeiten!" – so ist es in weitaus den meisten Fällen. Dennoch gibt es Ausnahmen. So soll es Mitarbeiter geben, die diesem hehren Menschenbild nicht ganz entsprechen. Auch stellt sich bei manchen Bewerbern erst nach der Einstellung heraus, dass sie doch nicht die Richtigen für den betreffenden Arbeitsplatz sind – ein anderer Arbeitsplatz steht aber nicht zur Verfügung. Dass diese Bewerber doch nicht auf den Arbeitsplatz passen, kann aufgrund unterschiedlicher Meinungen über die tatsächlich vorhandenen Fähigkeiten, Fertigkeiten oder der Arbeitsbereitschaft der Fall sein. Auch könnte es Vorkommnisse geben, die eine Zusammenarbeit erschweren oder nicht mehr sinnvoll erscheinen lassen.

Ein falsch eingestellter Mitarbeiter kostet nicht nur Geld. Wenn ein bestimmter Zeitpunkt versäumt wurde, ist ihm kaum mehr zu kündigen. Dann wird er zum Problem und kostet Zeit, weil man sich gedanklich mit dem Problem „Mitarbeiter" auseinandersetzt. Außerdem besteht die Gefahr bei diesem Mitarbeiter, dass er innerlich kündigt, mutwillig Fehler macht, schlechte Stimmung verbreitet oder nur noch körperlich anwesend ist. Daher kommt es darauf an, schon im Einstellungsgespräch diese Personen zu erkennen und nicht einzustellen – und die Mitarbeiter zu erkennen, die mit an Sicherheit grenzender Wahrscheinlichkeit später die richtigen Mitarbeiter sind. In manchen Bereichen kommt es auch darauf an, dass sich die neuen Mitarbeiter ins bestehende Team einpassen müssen, während das bei anderen Berufen nicht so bedeutsam ist.

Die richtigen Mitarbeiter zu erkennen und einzustellen lässt sich lernen. Dazu brauchen Sie nur die Bewerbungsunterlagen in einer speziellen Weise zu sichten und die Bewerbungsgespräche nach einem bestimmten System zu führen und bei der Entscheidungsfindung einen wichtigen zusätzlichen Punkt zu berücksichtigen. Wie Sie das konkret machen – das erfahren Sie in diesem Buch.

Das Buch ist so aufgebaut, dass am Ende jedes Kapitels Fragen zu Ihren Erfahrungen und zum Gelesenen stehen. Bitte machen Sie sich Gedanken über Ihre persönlichen Antworten zu diesen Fragen. Die Fragen dienen dazu, dass Sie konkret den Inhalt des Buches mit Ihrer Praxis vergleichen und überlegen, in welchen Bereichen Sie sich selbst oder Ihre firmeninterne Organisation verbessern können. Die Fragen bieten Anhaltspunkte. Wenn Sie die Fragen lesen und in Gedanken beantworten, so werden Sie kleine Fortschritte in der Optimierung Ihrer Einstellungspraxis machen. Je eher Sie sich jedoch Ihre persönlichen Gedanken zu den Fragen notieren, desto mehr konkreten Nutzen werden Sie aus diesen Fragen und diesem Buch ziehen. Dann wird es nach einiger Zeit ein Arbeitsbuch für Sie sein.

Wenn Sie möchten, können sie eine Kurzfassung der Antworten in dieses Buch schreiben. Daher ist nach jeder Frage etwas Platz für Ihre Antwort freigelassen. Wenn Sie in diesem Buch keine Notizen machen möchten, empfehle ich Ihnen, sich ein kleines Heft oder lose Blätter (evtl. Karteikarten) für das Durcharbeiten der Fragen zu reservieren. Dann können Sie den größtmöglichen Nutzen aus diesem Buch ziehen, weil Sie die Antworten an einem Ort gesammelt haben. Zusätzlich werden Ihre Antworten konkret umsetzbare Maßnahmen für Sie sein.

Gleichzeitig können Sie anhand Ihrer Antworten erkennen, in welchen Bereichen Sie noch an sich selbst arbeiten oder Veränderungen in Ihrem Unternehmen veranlassen müssen, um die Einstellung von Bewerbern effizienter gestalten zu können und so mit Ihren neuen Mitarbeitern noch erfolgreicher zu sein.

Fellbach, im Januar 2002
FRED N. BOHLEN

# 1 Einstellungen vorbereiten

Die Vorbereitung der Einstellung beginnt mit der Bedarfser-
kennung. Diese wird in größeren Unternehmen in der Regel
an den Personalbereich gemeldet durch

– die Unternehmensleitung,
– einzelne Unternehmensbereiche.

Wenn die Unternehmensleitung die Einstellung von Mitarbeitern wünscht, geschieht das entweder aufgrund von Pla-
nungsdaten, kurzfristig auftretendem Bedarf oder aufgrund
von z. B. Bitten von Politikern. Letzteres geschieht in der Regel aufgrund der Beschäftigungssituation in bestimmten Gebieten oder Altersgruppen (z. B. „Lehrlingsoffensive"). Die
Regel ist, dass einzelne Unternehmensbereiche die Einstellung
von Mitarbeitern für notwendig erachten und den Personalbereich damit beauftragen. Dann tritt der Personalbereich als
Dienstleister für diese Unternehmensbereiche auf. Dazu bestehen zwei Vorbedingungen:

1. Diese Unternehmensbereiche sollten wissen, welche Va-
   kanzen genau bestehen;
2. Der Personalbereich benötigt Anforderungsprofile für die
   vakanten Positionen.

In der Praxis wird die Frage nach dem Anforderungsprofil oft
vernachlässigt. Nach Erfahrung des Verfassers vernachlässigen insbesondere kleinere Firmen die Frage nach dem Anforderungsprofil eher als Großunternehmen. Es wird eben jemand für bestimmte Arbeiten benötigt, der eingestellt werden
soll. Da weiß man, was derjenige tun muss. Dabei bleibt aber
die Frage nach den genauen Anforderungen oft auf der
Strecke. Das gilt nach Erfahrungen des Verfassers auch eher
für gewerbliche Mitarbeiter und für Angestellte der unteren
Ebenen und Aushilfen als für Führungskräfte.

**Wer sucht, muss wissen wen oder was!**

Der erste Schritt ist also, zu wissen für welche Position jemand gesucht wird und welche genauen Anforderungen bestehen. Sie werden sagen, dass Sie das sowieso tun, denn ohne Anforderungen würden Sie gar nicht tätig. Es dreht sich aber nicht um die pauschalen Anforderungen, sondern um eine Auflistung der *genauen* Anforderungen für exakt diese spezielle Stelle.

## Das Anforderungsprofil

Das Anforderungsprofil ist eine Auflistung der Fähigkeiten und Fertigkeiten, die der Bewerber haben sollte. Es dient als Vorlage, die grundsätzlich geeigneten Bewerber in der Vorauswahl und dem Einstellungsgespräch herauszufinden. Ein Nebenprodukt dieses Anforderungsprofils ist, dass sich auch die Anzeigentexte (für die Stellenanzeige) leichter formulieren lassen.

Inhalt eines Anforderungsprofils für die Einstellung eines neuen Mitarbeiters können sein:

1. *Anforderung an Ausbildung und Erfahrungen wie z. B.*
   – Allgemeinbildung (Schulabschluss)
   – Grundausbildung (Lehre, Kurse, Studium)
   – Bisherige Tätigkeiten
   – Berufserfahrung
2. *Anforderung an Spezialkenntnisse und Fachwissen wie z. B.*
   – PC-Kenntnisse
   – Vertraut sein mit bestimmten Programmen
   – Branchenkenntnisse/Berufskenntnisse
   – Spezialkenntnisse
   – Kombinierte Kenntnisse
3. *Anforderung an die Fähigkeiten wie z. B.*
   – Auffassungsgabe/Lernfähigkeit
   – Ausdrucksfähigkeit

- Gedächtnisleistungen
- Kreativität
- Genauigkeit
4. *Anforderung an Persönlichkeitsmerkmale wie z. B.*
- Kontaktfähigkeit
- Kundenorientiertes Verhalten
- Flexibilität
- Anpassungsfähigkeit/Einordnungsfähigkeit
- Geistige/nervliche Belastbarkeit
- Einsatzbereitschaft
- Zuverlässigkeit
- Hilfsbereitschaft

Dies ist nur eine Auswahl von bestimmten Anforderungen. In Ihrer Praxis werden die *konkreten* Anforderungen für die vakante Position zuerst definiert. Diese Definition lässt sich aufgrund der Vorlage oben erstellen oder aufgrund einer vorhandenen Stellenbeschreibung. Diese Stellenbeschreibungen bestehen für die meisten Positionen in den Unternehmen. Allerdings geschehen im Laufe der Zeit in allen Unternehmen Veränderungen, die auch Auswirkungen auf die Stellenbeschreibungen haben. Es gibt auch Personen, bei denen sich besondere Fähigkeiten herausstellen und diese verändern die Position. Die Stellenbeschreibungen werden jedoch nicht regelmäßig aktualisiert. Ideal ist die Aktualisierung der Stellenbeschreibungen alle ein bis drei Jahre.

Sollte das nicht geschehen und die Stellenbeschreibung nicht aktuell sein, muss sie für die Einstellung eines neuen Mitarbeiters aktualisiert werden. Ideal ist die Aktualisierung durch den jetzigen Mitarbeiter, also den Inhaber der Stelle. Letztlich kann nur dieser Veränderungen erkennen. Diese Aktualisierung wird durch den jeweiligen Vorgesetzten überprüft und abgesegnet. Sicher kann die Aktualisierung auch durch den Personalbereich selbst geschehen. Je weiter entfernt der Aktualisierer von dem Inhaber der Stelle und dessen Tätigkeit entfernt ist, desto ungenauer wird sie erfolgen. Bei dem fol-

genden Muster einer Stellenbeschreibung können Sie die
Struktur erkennen.


## Die Stellenbeschreibung

Stellenbeschreibungen enthalten die Bereiche mit der jeweiligen Auflistung von:

– Bezeichnung der Stelle/des Projektes
– Zielsetzung
– Verantwortlichkeiten
– Konkrete Aufgaben

Davon abgeleitete Stellenanzeigen sollten nicht nur bestimmte Inhalte haben, sondern den potenziellen Bewerber auch ansprechen und daher interessant sein. Es folgt ein Muster für
den klassischen Aufbau einer Annonce. Für eine interessante
Annonce können Sie gern von der hier angegebenen Reihenfolge abweichen.

1. *Wir sind ...*     Aussagen über das Unternehmen wie:
                      – Name/Rechtsform
                      – Lage und Ort des Unternehmens
                      – Mitarbeiterzahl
                      – Führungssystem, -art, Besonderheiten
2. *Wir haben ...*    Aussagen über die zu besetzende
                      Stelle wie:
                      – Grund für die Stellenausschreibung
                      – Aufgabenbeschreibung
                      – Verantwortungsumfang
                      – Arbeitsumfeld
                      – Aufstiegsmöglichkeiten
3. *Wir suchen ...*   Aussagen über die Anforderungsmerk-
                      male wie:
                      – Berufsbezeichnung
                      – Ausbildung/Berufserfahrungen

|   |   |
|---|---|
| | – Spezialkenntnisse/Fachwissen |
| | – Besondere Fähigkeiten/Eigenschaften |
| 4. *Wir bieten* ... | Aussagen über die Konditionen wie: |
| | – Bezahlung/Gehalt |
| | (Tarif/außertariflich) |
| | – Arbeitszeiten |
| | – Möglichkeiten der Fort- und |
| | Weiterbildung |
| | – Urlaub |
| 5. *Wir bitten um* ... | Aussagen über den Bewerbungs- |
| | vorgang wie: |
| | – Erbetene Bewerbungsunterlagen |
| | – Frühest möglicher/erwünschter |
| | Eintrittstermin |
| | – Anschrift mit Ansprechpartner und |
| | ggf. Telefonnummer |

Dem letzten Punkt mit den Aussagen über den Bewerbungs-
vorgang sollten Sie besondere Bedeutung beimessen. In immer mehr Annoncen erscheint ein Ansprechpartner des Unternehmens oder eine Telefonnummer für eine Vorabauskunft
(z. B. am Wochenende). Sollten Sie in Ihrem Unternehmen
diesen Service den Bewerbern noch nicht anbieten, ziehen Sie
diese Möglichkeit bitte in Betracht. Sie haben dadurch erhebliche Vorteile:

– Sie verringern die Anzahl der Bewerbungen, weil Sie schon
  während des Telefonats die Spreu vom Weizen trennen können. Sie lassen dann durchblicken, dass die Qualifikation
  des Bewerbers von anderen erheblich übertroffen wird.
  Aufgrund dessen sieht manch ein Bewerber von einer
  schriftlichen Bewerbung ab.
– Sie haben nicht nur einen schriftlichen Eindruck der Bewerber, sondern können auf eine Unterhaltung mit ihm
  zurückgreifen. Das ergibt ein interessanteres und vollstän-
  digeres Bild über den Bewerber. Denn Sie haben mit dem Telefonat ja eigentlich schon ein Einstellungsgespräch geführt.

Voraussetzung dafür sind, dass Sie sich Notizen über die Bewerber und Telefonate machen.
– Sie erhöhen die Qualität der Bewerbungen, weil hauptsäch-
lich die aufgrund des Telefonats gewünschten Bewerbungen
eintreffen. Damit bekommen Sie eher den auf die Stelle optimal passenden Bewerber.

Andererseits bestehen auch diese Nachteile:

– Es muss sich jemand bereit erklären, der sich über die ausgeschriebene Stelle und den Vorgesetzten dort detailliert informiert, so dass einerseits dem Anrufer kompetente Fragen
gestellt werden können und andererseits eine detaillierte
Auskunft gegeben werden kann.
– Sie müssen eine Telefonnummer reservieren und einen Telefondienst organisieren, denn es werden viele Bewerber an-
rufen.
– Sie benötigen Manpower (evtl. auch für das Wochenende),
um den Telefondienst sicherzustellen.

Diese Nachteile wiegen bei weitem nicht so schwer wie die
Vorteile. Ich lege es Ihnen also sehr nahe, diese telefonische
Vorabauskunft zu ermöglichen. Sie erhalten in sehr interessanten Telefonsituationen mit den Bewerbern ganz andere Informationen als im Einstellungsgespräch selbst. Da lohnt sich
die Zeitinvestition allemal.

Je spezieller Ihre Anforderungen in der Stellenanzeige formuliert sind, desto eingeschränkter wird der Ansprechkreis
und desto weniger, dafür aber qualitativ hochwertigere Bewerbungen sollten Sie erhalten. So sagt die Theorie – in der
Praxis zeigt sich jedoch, dass die Anzahl der Bewerber von
vielen weiteren Faktoren abhängig ist (wie Verbreitungsgrad
der Zeitung, Jahreszeit, bestimmten Formulierungen in der
Annonce).

Weiter sollten Sie folgenden Gedanken abwägen: Wollen Sie vielleicht eine große Anzahl an Bewerbern haben, um auch exotische Bewerber zu bekommen, die bestimmte Strukturen und Mitarbeiterkonstellationen aufmischen können? Dann sollten Sie sehr offen und allgemein formulieren. Oder ist Ihnen der Aufwand, aus 500 oder mehr Bewerbungen auswählen zu müssen, zu hoch? Dann sollten Sie z. B. spezielle Begriffe der Tätigkeit und viel spezifizierte Anforderungen in die Annonce einbauen.

## Die TimeLine

Die TimeLine ist hier gemeint als Zeitplanung von der Entscheidung über eine beabsichtigte Einstellung bis zur Einstellung des Mitarbeiters. Sie kann als Checkliste für die Einstellung eines Mitarbeiters gelten.

Bitte sehen Sie die TimeLine nur als groben Hinweis an. Sie muss differieren, je nach der Art der ausgeschriebenen Stelle, den für die Auswahl zur Verfügung stehenden Mitarbeitern und dem Bedarf an der Bewerbung. Aber – sie gibt eine Hilfestellung als Muster für den Zeitbedarf und den Ablauf einer Einstellung. Auf der folgenden Seite finden Sie ein Muster einer TimeLine als Orientierungshilfe.

| | |
|---|---|
| Tag X | – Anforderung aus Fachbereich für einen neuen Mitarbeiter<br>– Klare Definition der Stelle (z. B. Stellenbeschreibung als Muster für Stellenanzeige) |
| 1. Woche | – Bestehende, unaufgeforderte Bewerbungen nach geeigneten Kandidaten abchecken, Firmenschild „Wir suchen" aktualisieren, interne Stellenausschreibung<br>– Stellenanzeige formulieren und schalten (incl. Einstellungstermin, Ansprechpartner und Bewerbungsschluss)<br>– Telefondienst organisieren für Bewerbertelefon |
| 2. Woche | – Sofortauswertung bei Eintreffen der Bewerbungen, erste Rangfolge erstellen<br>– Zwischenbescheide geben<br>– Eindeutig nicht in Frage kommenden Bewerbern absagen<br>– Zweite Rangfolge der in Frage kommenden Bewerber erstellen |
| 5. Woche | – 3 Bewerber für Einstellungsgespräche auswählen und Termine vereinbaren |
| 7. Woche | – Einstellungsgespräche mit Fachabteilungen zusammen führen, Reihenfolge der Bewerber ermitteln und Einstellung/Ablehnung ihnen mitteilen<br>– Arbeitsvertrag zusenden |
| 8. Woche | – Ablehnungen verschicken, Unterlagen an Bewerber zurückschicken<br>– Erste Vorbereitungen für Einführung neuer Mitarbeiter treffen |

Zu den einzelnen hier erwähnten Bereichen finden Sie konkrete Hinweise in den entsprechenden Kapiteln dieses Buches.

## Bitte beantworten Sie die folgenden Fragen:

Diese Fragen sollen Ihnen Gelegenheit geben, Sie sich über die Einstellungspraxis in Ihrem Unternehmen Gedanken zu machen. Ich empfehle Ihnen, Ihre Antworten in einem kleinen Heft zu notieren. Sicher ergeben sich aufgrund dieser Fragen Verbesserungsmöglichkeiten.

1. Bestehen Anforderungsprofile (auch solche aus den Abteilungen Ihres Unternehmens), aufgrund derer Sie die Einstellung von Mitarbeitern gezielt planen können?

2. Erhalten Sie von den anfordernden Abteilungen Anforderungsprofile für den Bewerber? Sind die Anforderungsprofile aussagekräftig?

3. In welchen Unternehmensbereichen fehlen diese Anforderungsprofile noch? Was müssen Sie tun, damit Sie die fehlenden Anforderungsbereiche erhalten?

4. Sind die Stellenbeschreibungen auf einem aktuellen Stand, so dass die Einstellungskriterien mit der Praxis übereinstimmen?

5. Wie oft muss Ihr Personalbereich Einstellungen aufgrund von politischen Entscheidungen vornehmen?

6. Wie könnten negative Auswirkungen aufgrund von politischen Einstellungsentscheidungen für den Personalbereich und für andere Bereiche minimiert werden?

7. Inwieweit sind die den Bewerber anfordernden Bereiche bereit, bei der Einstellung mitzuwirken und auch die Verantwortung für diese Einstellung zu tragen?

8. Wann sind die Personen (auch in den Fachabteilungen), welche die Einstellungsgespräche führen, zuletzt in der richtigen Führung von Einstellungen gecoacht worden?

9. Welche Maßnahmen hat der Personalbereich getroffen, damit Fachbereiche über künftige Einstellungen weitgehend selbständig entscheiden?

10. Was haben Sie grundsätzlich gegen unkonventionelle Kurzbewerbungen? Forcieren Sie diese? Wenn ja, wie sind Sie mit dem Ergebnis zufrieden?

11. Haben Sie ein System, auf Telefonbewerbungen und unkonventionelle Bewerbungen so zu reagieren, dass Sie die interessanten Bewerber schnell erkennen?

12. Haben Sie alles initiiert, damit Bewerber eine telefonische Vorabauskunft erhalten können?

13. Haben Sie eine TimeLine und ist diese bei Ihnen und den beteiligten Abteilungen einzuhalten?

# Bewerbungsunterlagen sichten und richtig interpretieren

Leider werden Bewerbungsunterlagen mit ihren Besonderheiten noch zu wenig für die Auswahl und während des Einstellungsgesprächs herangezogen. Dabei sind sie aussagekräftiger, als in den meisten Firmen vermutet wird. In diesem Kapitel wird daher erörtert, wie Besonderheiten der Bewerbungsunterlagen schnell erkannt werden.

Bei der Auswahl neuer Mitarbeiter ist es wichtig, den Richtigen zu bekommen. Denn er wird auch vom vorhandenen Firmen-Know-how profitieren. Außerdem bringt der Neue hoffentlich eigenes Know-how und seine Persönlichkeit mit ein.

Schon in der Ausschreibung und der Stellenannonce entscheidet sich, ob sich die richtigen Bewerber melden. Mit der Anzeigenformulierung wird auf die gewünschte Art der Bewerbung meist hingewiesen. In der letzten Zeit legen auch Unternehmen immer mehr Wert auf eine telefonische Kontaktaufnahme vor der eigentlichen Bewerbung.

## Die Telefonbewerbung

In vielen Annoncen werden Ansprechpartner des Unternehmens und deren Telefonnummer genannt. Jeder Interessierte kann sich vorab noch genauer über die Position informieren, als es die Annonce zeigt. Zusätzlich kann der Einstellende eine Vorauswahl der Bewerber tätigen. Nur der Bewerber schickt seine vollständigen Unterlagen, der im Telefongespräch die Qualifikation angedeutet hat und zur Bewerbung aufgefordert wurde. Durch diese Selektion schon am Telefon werden Arbeitszeit und Portokosten für Absagen gespart. Somit hat die erste Kontaktaufnahme per Telefon für das Unternehmen, aber auch für Bewerber erhebliche Vorteile. Dieser spart ebenfalls Kosten.

In der Regel informiert der Bewerber während des Telefonge-
spräches über seine jetzige Tätigkeit und welche Erfahrungen
er für die angebotene Position mitbringt. Der Einstellende
kann ihm schon jetzt wichtige Fragen stellen, welche die weitere Selektion erleichtern. Details zur Telefonbewerbung mit
entsprechenden Formularvorschlägen finden Sie in Kapitel 5.

## Die Kurzbewerbung

Bei manchen Positionen kann es sinnvoll sein, eine Kurzbewerbung zu verlangen. Gleiches gilt, wenn Bewerber sich un-
aufgefordert telefonisch bewerben.

Die Kurzbewerbung umfasst

– Bewerbungsschreiben,
– Lebenslauf.

Aufgrund der Kurzbewerbung hat der Einstellende die Möglichkeit, schnell einen Eindruck vom Bewerber zu erhalten. Er
kann gegebenenfalls die vollständigen Bewerbungsunterlagen
nachfordern. Dann bietet sich auch die Möglichkeit der kurzen telefonischen Rücksprache mit dem Bewerber an. Auch
dann, wenn in den meisten Unternehmen die vollständigen
Unterlagen für den Bewerbungsprozess gewünscht sind – die
Kurzbewerbung hat erhebliche Vorteile:

– Kurzbewerbungen haben eine sehr hohe Informationsdichte. Sie brauchen also nur wenig zu lesen und wissen in kurzer Zeit sehr viel Details.
– Es lassen sich schnell Vorentscheidungen treffen.

Gleiches gilt für die Bewerbung per Fax oder E-Mail.
Während eines Telefonats reicht die Bitte: „Ach – legen Sie
mir doch eben Ihren Lebenslauf aufs Fax" oder „Geben sie

mir Ihre Kurzbewerbung eben per E-Mail rein". Nach Durchsicht kann mit einer kurzen Notiz zurückgefaxt oder gemailt werden. Wenn Unterlagen (wie z. B. Lebenslauf) schriftlich vorliegen, lassen sie sich viel effizienter beurteilen.

## Die unkonventionelle Kurzbewerbung

Eine besondere Form der Kurzbewerbung ist die unkonventionelle Kurzbewerbung, die oft nur aus einer Postkarte, einem kurzen Brief oder einer E-Mail besteht. Beispielsweise hat jemand während seines Urlaubs erfahren, dass in einer Firma eine bestimmte Position vakant ist. Hier besteht kaum die Möglichkeit, vom Urlaubsort die vollständigen Unterlagen zu senden und gleichzeitig eine Bewerbungsfrist zu wahren. Ein anderes Beispiel ist die aus dem Internet erfahrene Vakanz. Auch bei Bewerbungen zu Bürgermeisterwahlen genügt eine Postkarte als Bewerbung.

Mit diesen Beispielen soll deutlich gemacht werden:

1. Die unkonventionelle Bewerbung lässt sich erheblich schneller bearbeiten und hat weitere Vorteile;
2. mit dieser unkonventionellen Bewerbungsform lassen sich auch interessante Persönlichkeiten als Bewerber finden.

Bitte unterschätzen Sie *nicht* diese zweite Möglichkeit! Sie hat schon manchen Unternehmen zu sehr erfolgreichen, kreativen Mitarbeitern und Führungskräften verholfen.

## Die ausführliche Bewerbung

Die ausführliche Bewerbung umfasst neben dem Bewerbungsschreiben und dem Lebenslauf Zeugniskopien und ein Foto. Diese ausführliche Bewerbung wird in der Regel als

DIN A 4-Mappe (und nur in seltenen Fällen schon per E-Mail oder CD) verschickt.

Nach Erhalt der Bewerbungen werden diese zuerst auf Vollständigkeit geprüft. Die Vollständigkeit ist dann gegeben, wenn alle gewünschten Unterlagen (spezifiziert in Annonce) eingereicht wurden. Sollte ein Bewerber unvollständige Unterlagen einreichen, so scheint es nicht immer sinnvoll, die Vollständigkeit anzumahnen. Das ist nur sinnvoll bei den Bewerbern, die tatsächlich in Frage kommen.

Gleich beim Eintreffen der Bewerbung wird jemand die Entscheidung treffen müssen, ob die eingesandten Unterlagen zur Beurteilung der Bewerbung ausreichen. In manchen Unternehmen erledigen Schreibkräfte oder Azubis diese Aufgabe. Dann besteht die Gefahr, dass grundsätzlich alle Bewerber mit unvollständigen Unterlagen angemahnt werden. Das ist nach Ansicht des Verfassers nicht sinnvoll. Genauso wenig sinnvoll wie die Praxis mancher Personalleiter, sich die Unterlagen der Bewerber erst nach Ablauf der Bewerbungsfrist anzuschauen. Stellen Sie sich vor, Sie würden sich bei 500 Bewerbern drei Tage lang nur mit den Unterlagen der Bewerber beschäftigen. Das wäre eine zu risikoreiche Arbeit bezüglich Fehlerhäufigkeit und eine sehr eintönige Tätigkeit. Hier hat die Praxis ergeben, dass sofort bei Eintreffen der Unterlagen diese in folgende drei Kategorien eingeordnet werden sollten:

1. Sehr interessante Bewerbung
2. Noch interessante Bewerbung (Bewerber kommt vielleicht in Frage oder ist so starker Außenseiter bzw. Exot, dass er nicht in Kategorie 1 kommt, dessen Bewerbung aber dennoch interessant ist.)
3. Uninteressante Bewerbung

Bei Bewerbungen in Kategorie 1 ist es nicht nur sinnvoll, auf Vollständigkeit zu achten – hier würde ich auch sofort Kontakt aufnehmen, um in ein Gespräch mit dem Bewerber zu kommen. Denn nach allgemeiner Erfahrung schicken Bewerber ihre Unterlagen nicht nur an ein Unternehmen. Bei sehr guten Bewerbern stehen die Unternehmen in Konkurrenz zueinander. Diese guten Bewerber werden sehr schnell erkannt und um sie wird sich nach kurzer Zeit von vielen Seiten gekümmert. Da ist es gut, sofort zu handeln und mit dem guten Bewerber schnell zu sprechen. Denn trotz ziemlich hoher Arbeitslosigkeit besteht nur scheinbar ein Arbeitgebermarkt, in dem der Arbeitgeber bestimmen kann. In bestimmten Branchen/Tätigkeiten sind jedoch kaum akzeptable Bewerber zu finden. So trafen bei bundesweiter Ausschreibung eines Consultants für Informationstechnologie acht Bewerbungen ein. Daher haben wir in vielen Branchen tatsächlich einen Bewerbermarkt, in dem der gute Bewerber sehr weitgehend umworben wird.

Bewerbungen von evtl. in Frage kommenden Bewerbern gehören in die Kategorie 2. Bei diesen Bewerbungen würde ich mir alle Optionen offen lassen. Denn die Erfahrung hat gezeigt, dass manchmal nicht die sehr guten Bewerber optimal auf eine Position und in das Umfeld passen, sondern eher diejenigen, die auf den ersten Blick nicht ins Auge fallen. Diese Bewerber kommen grundsätzlich für ein Gespräch ebenfalls in Betracht.

Bewerber aus Kategorie 1 und 2 sollten *sofort* eine Bestätigung über den Eingang Ihrer Bewerbung erhalten. In diesem Schreiben (nebenstehend) könnte auch um etwas Geduld gebeten werden für die Sichtung der Unterlagen und auf die nächste Reaktion (z. B. „Wir werden uns in ca. 14 Tagen wieder mit Ihnen in Verbindung setzen") hingewiesen werden.

Sehr geehrter Herr Müller,

vielen Dank für Ihre Bewerbung.

Weil wir schon mehr als 40 Bewerbungen erhalten haben, wird deren Auswertung noch ca. 14 Tage dauern. Danach möchten wir Ihnen erneut schreiben und das weitere Vorgehen mit Ihnen abstimmen.

Mit freundlichen Grüßen

Bewerbungsunterlagen in Kategorie 3 sind uninteressant. Das könnten Bewerber sein, denen die Voraussetzungen fehlen, die zu jung (oder zu alt) sind, deren Erfahrungen nicht ausreichen oder die aus anderen Gründen selbst bei größtem Wohlwollen nicht in Frage kommen. Nach Erfahrungen des Verfassers handelt es sich hierbei um ungefähr ein Drittel der eintreffenden Bewerbungen. Es ist nicht einzusehen, warum diesen Bewerbungen nicht eindeutig und frühzeitig abgesagt werden kann, wenn das später sowieso geschehen wird. Außerdem ist es nicht sinnvoll, Bewerbungsunterlagen längere Zeit aufzubewahren, die doch nicht weiter bearbeitet werden.

Um die Bewerbungsunterlagen gezielt analysieren zu können, sind Kriterien für Bewerbungsschreiben, Lebenslauf, Zeugnisse und Lichtbild hilfreich. Das Ziel ist also, die Bewerbungsunterlagen so zu analysieren, dass Sie sämtliche Auffälligkeiten sofort erkennen. Hier zuerst zu Auffälligkeiten im Bewerbungsschreiben.

## Das Bewerbungsschreiben

Das Bewerbungsschreiben muss sowohl persönlich geschrieben sein (also nicht fotokopiert), wie es gleichzeitig Individualität ausdrücken sollte. Nach diesem Kriterium sollten Sie die Bewerbungen zuerst durchsehen.

Leider erwähnen die meisten Bewerber in ihrem Anschreiben neben einleitenden Worten und der Wiederholung ihres Lebenslaufes nur den Wunsch, eingeladen zu werden. Das ist aber für eine qualifizierte Entscheidung, wer von z. B. 200 Bewerbern in die engere Wahl kommen soll, nicht ausreichend. Sinnvoller ist die ausführliche Darstellung der momentanen Tätigkeit. Diese ist bei jetzt ungekündigter Stellung nicht in ihren Zeugnissen erwähnt. Zusätzlich sollte im Bewerbungsschreiben eine Begründung für den Wechsel auf die

vakante Stelle gegeben werden. Leider sind die Bewerbungsschreiben nur selten interessant und aussagekräftig genug geschrieben.

Hier das Muster eines Bewerbungsschreibens:

Die ideale
Gliederung eines
Bewerbungs-
schreibens lautet:

1. Betreff
2. Anrede
3. Quelle
4. Bisheriges
   Tätigkeitsgebiet
5. Sonderaufgaben
6. Grund für die
   Bewerbung
7. Evtl. Kündigungs-
   fristen
8. Abschlusssatz
9. „Mit freundlichen
   Grüßen" und
   Hinweis
   auf Anlagen

| | |
|---|---|
| Fred N. Bohlen | Rotkehlchenweg 26 |
| | 70734 Fellbach |
| | Tel. 0711.512526 |
| Firma XYZ | |
| Personal | |
| Herrn Mayer | |
| Postfach 1234 | |
| 54321 Frankfurt | |

**Bewerbung als Projektleiter**

Sehr geehrter Herr Mayer,
aufgrund Ihrer Anzeige in der FAZ vom
12.08.2001 bewerbe ich mich als Projektleiter.
Mein jetziges Aufgabengebiet als Projektleiter
umfasst ...

Seit 1997 gehört zusätzlich zu meinen
Aufgaben...

Ihre Anzeige verspricht, dass bei der ausgeschriebenen Position der Bereich ...
enthalten ist. Daher scheint die Tätigkeit des ...
für mich interessant zu sein.

Details würde ich gern in einem persönlichen
Gespräch erfahren.

Mit freundlichen Grüßen                    Anlagen:

Fred N. Bohlen

Das Bewerbungsschreiben ist das erste Schriftstück, welches
das Unternehmen über den Bewerber in die Hände bekommt.
Das sollten Bewerber wissen und sich in diesem Schreiben
dem Unternehmen gegenüber auch „verkaufen" und ihre
Fähigkeiten und Erfahrungen in ihrer jetzigen Tätigkeit deutlich machen. Tun sie das nicht, so ist es entweder ihre erste
Bewerbung (Bewerber haben dann kaum Erfahrungen) oder
sie haben nicht nachgedacht. Letztere Bewerber sind vermutlich nicht interessant für Tätigkeiten bei Ihnen.

Zum richtigen Lesen von Bewerbungsunterlagen gehören diese verschiedenen Checks:

- Sauberer Eindruck und eindeutig als individueller Brief zu erkennen (statt Infobrief bei massenhaft versandter Bewerbung)
- Schreiben mit persönlicher Anrede und eigenhändiger Unterschrift
- Sinnvoller und logischer Aufbau anstatt von durcheinander geratenen Fakten
- Wichtige und präzise kurze Aussagen anstatt Wirrwarr
- Konkrete Beschreibung des jetzigen Arbeitsgebiets
- Logisch erscheinende Begründung für Wunsch zu wechseln.

Schon beim ersten Kontakt mit den Bewerbungsunterlagen sollten diese Checks gemacht werden. Das Ziel ist die systematische Behandlung der Bewerbungen mit sofortigem Erkennen der Bewerberpersönlichkeit und wichtigen Fähigkeiten und Fertigkeiten.

## Der Lebenslauf

Der Lebenslauf ermöglicht dem Einstellenden einen schnellen Überblick über die Bewerberdaten. Hier lässt sich schnell erkennen:

- ob der Bewerber überhaupt für die Position in Frage kommt,
- ob Lücken im Zeitablauf vorhanden sind,
- welche Positionen der Bewerber innehatte (und damit gleichzeitig auch sein Erfahrungsspektrum abschätzen),
- ob der Bewerber Kontinuität im Zeitablauf bewiesen hat (im Gegensatz zu kurzen Beschäftigungen und zum ständigen Wechsel),
- ob der Bewerber flexibel scheint oder einen stark behördenähnlichen Werdegang aufweist,
- ob der Aufstieg kontinuierlich war (im Gegensatz zum ständigen Auf und Ab in der Hierarchie).

Der Lebenslauf ist gleich nach dem Anschreiben das wichtigste und aussagekräftigste Detail der Bewerbungsunterlagen. Daher lohnt es sich, diesen sehr intensiv zu durchleuchten. Nach den Erfahrungen des Verfassers legen mehr als 98 Prozent der Unternehmen Wert auf den tabellarisch abgefassten Lebenslauf. Nur für manche Ausbildungen wird noch der handschriftlich abgefasste und der ausführliche Lebenslauf benötigt.

### Lebenslauf

| | |
|---|---|
| Name: | Gabi Mustermann |
| Geboren: | 12.05.1967 in Kassel |
| Eltern: | Fritz und Elke Mustermann |
| 01.04.95 – jetzt | Erzieherin und stellvertretende Heimleiterin im Kindergarten Elterninitiative, Kassel. |
| 01.04.91 – 31.01.95 | Erzieherin im Hans Glückler-Heim, Göttingen. |
| 01.10.88 – 30.03.91 | Erzieherin im Johannes Petersen-Heim, Hamburg. |
| 01.04.87 – 30.09.88 | Praktisches Anerkennungsjahr, Staatliche Anerkennung als Erzieherin. |
| 01.04.84 – 30.09.87 | Ausbildung zur Erzieherin (einschl. Praktika) an der Fachschule für Erzieherinnen, Staatliche Abschlussprüfung. |
| 01.04.82 – 30.03.84 | Handelsschule Hamburg, Mittlere Reife. |
| 01.04.73 – 30.03.82 | Volksschule Hamburg, Abschlusszeugnis |

Nebenstehend ein Ausschnitt eines tabellarischen Lebenslaufs. In der Regel stehen die persönlichen Daten obenauf. Sollte ein Bewerber seine Eltern noch angeben, obgleich er älter als 30 Jahre alt ist (wie in nebenstehendem Beispiel), so könnte das im Bewerbungsgespräch mit folgender Frage erörtert werden: „Mir ist aufgefallen, dass Sie als 32-jährige Frau Ihre Eltern im Lebenslauf angeben. Was soll mir das sagen?" Nach den Erfahrungen des Verfassers wird darauf mit folgendem Satz geantwortet: „Ich dachte, das muss im Lebenslauf enthalten sein". In der Regel schreiben die Bewerber den Lebenslauf nach einem Muster oder nach Empfehlungen von Freunden. Wenn die Empfehlungen diesen Punkt nicht berücksichtigen, denken die Bewerber nicht weiter nach. Daher ist es nicht sinnvoll, diesem Punkt zu große Bedeutung

beizumessen und Abhängigkeit oder Unselbständigkeit des
Bewerbers zu vermuten.

Seit wenigen Jahren wird empfohlen, den Lebenslauf inter-
national abzufassen. Das bedeutet, dass der Leser die aktuel-
le Tätigkeit zuoberst sieht und bei weiterem Lesen kontinuierlich zu den früheren Tätigkeiten bis hin zur Ausbildung
kommt. Im Rahmen der Europäisierung könnte das der ak-
tuelle Weg des Lebenslaufs sein. Allerdings würde sich der Bewerber bei einem Unternehmen in Spanien natürlich nicht mit
einem deutschen Lebenslauf bewerben. Daher senden viele
Bewerber den Lebenslauf noch mit umgekehrt abgefassten
Daten. Nach Meinung des Verfassers besteht darin kein sig-
nifikanter Unterschied. Zum Schluss dieses Musterlebens-
laufs ist die Unterschrift absichtlich nicht mit abgedruckt.

Ein Punkt darf bei der Prüfung eines Lebenslaufes nicht fehlen: die Zeigefingerprobe. Obgleich diese Zeigefingerprobe
Lücken im Lebenslauf zeigt, wird sie von manchen Einstellenden noch nicht verwendet. Mit der Zeigefingerprobe werden diese Lücken im Lebenslauf sofort erkannt. Die Zeigefingerprobe funktioniert so:

| 1. Sie zeigen zuerst auf den Zeitpunkt des Ausscheidens (12.93) | 2. Sie zeigen auf das Eintreten in die neue Firma (01.94) |
|---|---|
| Beispiel 1: | Beispiel 2: |
| 01.01.92-31.12.93<br>    REWE AG, Köln<br>01.01.94-31.03.96<br>    MBB, München<br>01.04.96-30.06.99<br>    Daimler-ChryslerAG | 01.01.92 31.12.93<br>    REWE AG, Köln<br>01.01.94-31.03.96<br>    MBB, München<br>01.04.96-30.06.99<br>    Daimler-ChryslerAG |

Wenn Sie Lücken im Lebenslauf eines Bewerbers erkennen, so dienen diese (wie alle Auffälligkeiten in Bewerbungsunterlagen) nur dazu, sie im Einstellungsgespräch mit dem Bewerber anzusprechen.

Sie sollten den Bewerber auf alle Auffälligkeiten in den Unterlagen ansprechen und:

1. der Äußerung und den Fakten zuhören,
2. feststellen, ob die Äußerung des Bewerbers nur eine Ausrede ist,
3. die allgemeine Reaktion des Bewerbers und Untertöne erfassen.

Aber – bitte interpretieren Sie noch nichts in diese Lücken hinein. Sie sind zuerst Fakt und ohne weitere Erklärungen weder negativ noch positiv zu bewerten. Zum einen ist es wichtig, den Grund für die Lücken zu erfahren. In der Regel zeigt die Lücke von ca. einem Jahr zwischen Abitur und Studium z. B. eine Reise, also Auslandsaufenthalt an. Während früher Lücken im Lebenslauf eine viel höhere Bedeutung hatten und in der Regel negativ eingeschätzt wurden, zeigen sie heute eher ausgedehnte Urlaubsreisen an. Zum anderen ist die Art der Reaktion des Bewerbers sehr interessant. Diese Reaktion zeigt, wie der Bewerber auf eine schwierige Situationen reagiert, ob er sich windet, wie offen er etwas anspricht, wie er argumentiert und ob er sich auf eine solche Situation vorbereitet hat.

Insbesondere mittlere Unternehmen benutzen für die Erstellung eines Zeugnisses spezielle PC-Programme. Das hat zur Folge, dass die Zeugnisse gleich aussehen und mit ähnlichen Formulierungen versehen sind. Gleiches tritt bei Bewerbern auf. Wer Azubis einstellt, weiß davon ein Lied zu singen. Ein Abschlussjahrgang sendet identische Anschreiben und Lebensläufe. Bewerber orientieren sich bei der Erstellung von Lebensläufen an Mustern aus Büchern, käuflichen Bewerbersets, dem Internet oder bestehenden Programmen ihrer

Datenverarbeitung. Hier das Muster zur Erstellung eines
„professionellen" Lebenslaufs aus dem Microsoft Office 97
Programm:

| | | | |
|---|---|---|---|
| **Angestrebte Tätigkeit** | Geschäftsführer | | |
| **Berufserfahrung** | *1990–1995* | Eisenhut & Bartel | Aachen |
| | **Geschäftsführer** | | |
| | – Führung von „Eisenhut & Bartel", | | |
| | einer in Projektmanagement für die staatliche Fürsorge | | |
| | spezialisierten Beratungsfirma. | | |
| | – Umsatzsteigerung um durchschnittlich 7 % pro Jahr | | |
| | *1982 – 1990* | Importe aus aller Welt | Großstadt |
| | **Stellvertretender Direktor** | | |
| | – Zusammenarbeit mit mehreren Lieferfirmen | | |
| | im Mittleren Osten | | |
| | – Import-Koordination für den europäischen Markt. | | |
| | *1978 – 1982* | Zuckerhut Schokoladen | Frankfurt a.M. |
| | **Manager** | | |
| | – Verwaltung des Administrationsbudgets. | | |
| | – Führung von 10 Vollzeitangestellten. | | |
| | – Eröffnung 3 neuer Filialen im Raum Bayern. | | |
| | *1976 – 1978* | Familien-Reiseklub | Hamburg |
| | **Leiter, Flugreisen** | | |
| | – Kontakt mit Fluggesellschaften. | | |
| | – Organisation von Flugreisen für Großfirmen. | | |
| | – Führung von 5 Angestellten. | | |
| **Ausbildung** | *1973-1975* | Staatliche Hochschule | Bonn |
| | – Management I, Fachrichtung „Führung von kleinen | | |
| | u. mittleren Unternehmen" | | |
| | *1967-1971* | Bergische Universität | Wuppertal |
| | – Diplomkaufmann | | |
| **Interessen** | Vorstandsmitglied der Freunde des Nationalmuseums, | | |
| | Berlin, Vorstandsmitglied der Vereinigung | | |
| | der Ernährungsberater, Wiesbaden. | | |

Bewerber mit Office-Programm können ihre eigenen Daten
leicht in diesen Lebenslauf integrieren. Auch die lassen sich
mit der Maus leicht verschieben. Bei diesem Lebenslauf wurde offensichtlich darauf geachtet, dass die Leistungen des Bewerbers innerhalb des Lebenslaufs stichwortartig aufgeführt
werden. Die Zeugnisse dienen hier nur dem Beweis der Leistungen. Normalerweise sollte der Lebenslauf nur eine Seite

umfassen. Verwendet eine Bewerber mit vielen Stationen den Lebenslauf des Office-Programms, wird er kaum mit einer Seite auskommen. Daher bietet sich dieser Musterlebenslauf eher für Hochschulabsolventen an oder für Bewerber mit wenig Berufserfahrung. Eine Zeigefingerprobe ist aber auch hier möglich.

Früher wurde noch Wert darauf gelegt, dass der Lebenslauf mit der Hand geschrieben war. Heute wird nur noch selten in Annoncen der handschriftliche Lebenslauf gefordert. In der Regel wird der ausführliche und handgeschriebene Lebenslauf nur noch von manchen Behörden, Prüfungskommissionen und bestimmten Personalleitern gefordert. Diese geben den handgeschriebenen Lebenslauf entweder an einen professionellen Graphologen weiter oder deuten die Handschrift in Eigenregie. Es ist üblich und auch sinnvoll, den Lebenslauf nicht nur tabellarisch abzufassen, sondern auch in Fotokopie anzufordern. Denn der tabellarische Lebenslauf erleichtert die schnelle Auswertung des Lebenslaufs erheblich.

## Die Zeugnisse

Die Zeugnisse bestätigen nicht nur die Angaben im Lebenslauf, sondern sie ermöglichen einen genauen Vergleich der bisherigen Tätigkeiten und des Erfolgs mit der vakanten Position. Diese Analyse sollte erheblich detaillierter geschehen, als sie selbst im Lebenslauf des Office Programms möglich ist. Zusätzlich wird in den Zeugnissen das Verhalten des Bewerbers beurteilt. Diese Beurteilung ist für den Einstellenden sehr wichtig. Die richtige Beurteilung eines Zeugnisses ist nicht leicht. Denn selbst wenn die Formulierungen im Zeugnis klar und verständlich sind, ist die Frage, ob sie denn auch wahr sind. Weil die Aussagen im Zeugnis für den Einstellenden sehr wichtig sind, lohnt sich eine detaillierte Prüfung. Allerdings kennt manch ein Zeugnisschreiber die Anforderungen an ein qualifiziertes Zeugnis nicht. Manche Unternehmen stellen

selten Zeugnisse aus und schreiben Zeugnisse, die nur sehr
schwer interpretierbar sind. Auch versuchen ausscheidende
Mitarbeiter gern, Einfluss auf den Zeugnistext zu nehmen.
Daher sind Zeugnistexte auf ganz bestimmte Kriterien hin
und auf mehr als den reinen Zeugniscode zu analysieren.

Die Mindestbestandteile eines qualifizierten Zeugnisses sind
neben dem Wort „Zeugnis", dem Namen und Sitz des Unternehmens und der Unterschrift mit Datum:

1. Personalien des Mitarbeiters
2. Eintritts- und Austrittsdatum
3. Art der Beschäftigung (detailliert alle wichtigen Tätigkeiten)
4. Leistungsbeurteilung
5. Abschließende Formulierung

Ein qualifiziertes Zeugnis, das nur die Mindestbestandteile
beinhaltet, ist so dürftig, dass es dem ausscheidenden Mitarbeiter in der Regel nicht dienen kann. Daher umfassen qualifizierte Zeugnisse heute mehr Punkte als es noch vor 15 Jahren der Fall war. Ein qualifiziertes Zeugnis enthält heute Aussagen über diese Bereiche:

1. Personalien des Mitarbeiters
2. Eintritts- und Austrittsdatum
3. Beschreibung des Aufgabengebietes
4. Leistungsbeurteilung
5. Initiative zur Weiterbildung
6. Beurteilung der Vertrauenswürdigkeit und Verantwortungsbereitschaft
7. Beurteilung des Verhaltens gegenüber der Umwelt
8. Beurteilung der Führungsfähigkeit
9. Angaben über die Lösung des Arbeitsverhältnisses
10. Abschließende Dank- und Glückwunschformel

Mehr als diese zehn Gliederungspunkte enthält kein Zeugnis. Eher weniger. Weil das Zeugnis dem ausgeschiedenen Mitarbeiter nicht schaden darf, geht man davon aus, dass fehlende Punkte eher negativ zu bewerten sind. Weil früher die Zeugnisse nicht so ausführlich wie heute geschrieben wurden, kommt es auch auf das Alter des Zeugnisses an, wie fehlende Aussagen zu beurteilen sind.

Die richtige Beurteilung des Zeugnisses ist nicht leicht. Denn selbst wenn die Formulierungen im Zeugnis klar sind, ist die Frage, ob sie wahr sind. Weil die Zeugnisaussagen für das einstellende Unternehmen sehr wichtig sind, lohnt sich eine detaillierte Prüfung. Doch die richtige detaillierte Prüfung ist nicht so leicht, wie es in manchen Veröffentlichungen dargestellt wird. Insbesondere verhält es sich mit einem Zeugniscode tatsächlich anders, als manchmal dargestellt wird.

## Was es mit dem Zeugniscode auf sich hat

In manchen Zeitungen werden Artikel über Zeugnisse und Zeugniscodes veröffentlicht. Zusätzlich weiß manch ein kluger Kopf, angeblich aus verlässlicher Quelle, dass bestimmte Zeichen in der Zeugnisunterschrift auch eine festgelegte, negative Bedeutung haben. Nun lässt sich bei vielen tausend Unternehmen in der Bundesrepublik kein einheitlicher Code festlegen, der von allen Personalleitern beherrscht wird und der dazu noch geheim sein müsste. Das ist auch gar nicht nötig, da ein Zeugnis für den Personalpraktiker auch keine Geheimschrift enthält.

Grundsätzlich gilt, dass das Zeugnis nur aufmerksam und genau gelesen werden muss. Es ist wichtig, dass der Sinn erfasst wird, den der Schreiber meinte. Und das ist bei genauem Lesen leicht herauszufinden. Wird die Leistung eines Mitarbeiters als sehr gut beurteilt, so wird auch im Zeugnis stehen: „Mit seinen Leistungen waren wir stets sehr zufrieden". Hat ein Mitarbeiter jedoch zufriedenstellend gearbeitet, so wird dieses Wort auch in der Zeugnisformulierung wiederkehren: „Er hat die ihm übertragenen Arbeiten zu unserer Zufriedenheit erledigt".

Es kommt also auf das genaue Lesen und Verstehen der Formulierungen an, wenn Sie ein Zeugnis richtig interpretieren wollen. Verdeckte Codes oder Geheimformulierungen wären nicht nur rechtswidrig, sondern ließen sich auch nicht sicher und eindeutig von den vielen Unternehmen erkennen. Dennoch haben sich im Laufe der Zeit in der Wirtschaft, in Behörden und bei der Bundeswehr unterschiedliche Formulierungen herauskristallisiert.

## Besonderheiten in der Wirtschaft

Den folgenden Satzanfang im Zeugnis kennt jeder: „Er bemühte sich, die Arbeit ordentlich ..." Das bedeutet nichts Gutes, denn wir vervollständigen den Satz so, dass er sich zwar bemühte, es tatsächlich aber nie richtig geschafft hat. Obgleich dieser Satz aufgrund höchstrichterlicher Entscheidung nicht mehr im Zeugnis stehen darf, findet man ihn dennoch vor allem in älteren Zeugnissen. Fehlt außer diesem Satz jegliche Leistungsbeurteilung im Zeugnis und hat ein Unternehmen der Wirtschaft dieses Zeugnis ausgestellt, so hat dieser Mitarbeiter sich immer bemüht, aber so recht ist es nie etwas geworden. Das bedeutet eine nicht zufriedenstellende Leistung.

## Besonderheiten in Behörden

Steht dieser Satz jedoch in dem Zeugnis eines Lehrers oder pädagogischen Mitarbeiters, so hat meint er etwas völlig anderes. Innerhalb eines längeren Zeugnisses bedeutet: „Er bemühte sich, auch außerhalb des Unterrichtes den Schülern Bildungsangebote zu vermitteln", dass dieser Lehrer sehr gut beurteilt wurde, weil er zusätzlich und auch außerhalb der Schulzeit ein Angebot für die Schüler bereit hielt.

Diese Formulierung „Er bemühte sich ..." bedeutet im Zeugnis eines Juristen in der Regel ebenso eine sehr gute Beurteilung, weil sie in der Regel eine zusätzliche, vom Arbeitgeber nicht verlangte Leistung des Mitarbeiters beschreibt. Auch hier im Behördenbereich ist es also wichtig, das Zeugnis genau zu lesen und das zu erfassen, was der Schreiber ausdrücken wollte.

## Besonderheiten bei der Bundeswehr

Auch bei der Bundeswehr gibt es einige Besonderheiten bei der Zeugnisausstellung. Zeit- und Berufssoldaten erhalten ein Zeugnis, das nach der ZDv 20/6 erstellt werden soll. Bei dem Zeugnis der Bundeswehr wird die Leistungsbeurteilung in der Regel mit einem oder zwei Worten beschrieben. Früher waren es Ziffern zwischen 1 und 9. Weil 1 die beste Beurteilung und 9 die schlechteste ist, ist die Bandbreite der Beurteilung größer, als bei den Schulnoten. Und das bringt oft Verwirrung. Denn eine Schulnote 4 (ausreichend) bedeutet bei der Bundeswehr ziemlich gut! Das hat zur Folge, dass ein Bewerber mit einer 4 = „ziemlich gut" im Bundeswehrzeugnis von einem uninformierten Personalchef abgelehnt wird. Eine 1 und auch eine 2 werden in Bundeswehrzeugnissen kaum vergeben. Allerdings auch kaum eine 8 oder 9.

Bei Dienstzeugnissen der Bundeswehr muss auch deshalb genau gelesen werden, weil weitere Details zur Beurteilung der Arbeitsleistung des Soldaten im Dienstzeugnis nicht vorgesehen sind. Sein Verhalten zu Vorgesetzten, Untergebenen oder Gleichgestellten wird nicht erwähnt.

Es reicht also nicht, das Zeugnis nur aufmerksam zu lesen. Es ist wichtig, den Zeugnisaussteller und den Sinn zu erkennen, der im Zeugnis ausgesagt werden soll. Denn: Manch ein Zeugnisaussteller kennt die Anforderungen an ein qualifiziertes Zeugnis nicht.

Kleinunternehmen, die selten Zeugnisse ausstellen, schreiben andere Zeugnisse als Großunternehmen. Auch versuchen ausscheidende Mitarbeiter gern, Einfluss auf den Zeugnistext nehmen. Daher sind Zeugnistexte auf mehrere ganz bestimmte Kriterien hin zu analysieren.

## Die Zeugnisanalyse

Wenn Bewerber Zeugnisse vorlegen, so sollten Sie zuerst prüfen, was der Zeugnisschreiber sagen wollte und was nicht. Bei dieser Prüfung gehen Sie am besten so vor, dass Sie das Äußere des Zeugnisses, die Selbstdarstellung des zeugnisausstellenden Unternehmens und den Inhalt des Zeugnisses nacheinander detailliert prüfen. Wichtig ist, dass im Zeugnis keine Widersprüche zwischen dem Äußeren, dem ausstellenden Unternehmen und dem Zeugnisinhalt auftreten. Treten Widersprüche auf, gibt es drei Möglichkeiten:

- Das ausstellende Unternehmen kannte nicht die Grundsätze der richtigen Zeugnisausstellung;
- der Mitarbeiter hat das Zeugnis selbst geschrieben und der Personalleiter oder Geschäftsführer hat nur unterschrieben;
- mit dem Mitarbeiter stimmt etwas nicht.

Um Widersprüche im Zeugnis zu erkennen, prüfen Sie folgende Bereiche:

## 1. Das Zeugnisäußere

Wie sieht das Zeugnis aus? Ist es sauber geschrieben? Spricht es vom Aufbau her den Leser an, oder ist z. B. die untere Hälfte der Seite nicht beschrieben?

## 2. Das Unternehmen

Ist das Zeugnis auf Firmenbriefpapier geschrieben? Ist das Unternehmen identifizierbar und damit auch der Schreiber des Zeugnisses? Damit wäre das Zeugnis auch nachprüfbar. Oder ist nicht einmal ein Stempel auf dem Zeugnis? Ist das Unternehmen groß und bekannt oder ist es eine kleine Firma? Je kleiner eine Firma ist, desto geringer ist die Chance, dass sie sich an die Grundsätze für ein Zeugnis gehalten hat. Existiert die Firma noch?

## 3. Der Zeugnisinhalt

Welche Aussagen werden im Zeugnis getroffen? Entspricht die Erfahrung des Bewerbers in etwa der neuen Stelle? Wie wird seine Leistung beurteilt? Gibt es Widersprüche innerhalb des Zeugnisses bezüglich der Leistung? Ist das Zeugnis vollständig oder welche Bereiche fehlen? Gibt es Besonderheiten, die dem Leser des Zeugnisses auffallen sollen oder müssen?

Ziel dieser Prüfung ist, den Zeugnisinhalt so zu verstehen, wie ihn der Zeugnisschreiber gemeint hat. Dazu gehört insbesondere, dass Widersprüche innerhalb des Zeugnisses erkannt werden. Wird z. B. innerhalb innerhalb der Leistungsbeurteilung mit den Worten „stets sehr" oder „außergewöhnlich" die Zufriedenheit des Arbeitgebers ausgedrückt, das Zeugnis umfasst aber noch keine halbe Seite und ist sehr dürftig, so stimmt etwas nicht. Hier ist die Vermutung angebracht, dass bestimmte Formulierungen auf den ausdrücklichen Wunsch des Mitarbeiters verwendet wurden. Tritt dieser Widerspruch in einem Zeugnis auf, das erkennbar von einer sehr kleinen Firma ausgestellt wurde, so kann man vermuten, dass möglicherweise dem Schreiber des Zeugnisses

bestimmte Formulierungen gefielen und er sich keine besonderen Gedanken über evtl. Widersprüche gemacht hat. Zumal er vermutlich nicht wusste, wie ein Zeugnis aufgebaut
sein sollte.

Je kleiner die zeugnisausstellende Firma ist, desto großzügi-
ger muss an die Zeugnisinterpretation gegangen werden.
Denn bei ganz kleinen Unternehmen kann es auch vorkom-
men, dass das Zeugnis mal „schnell und so nebenbei" geschrieben wird. Je größer das Unternehmen ist, desto eher
werden die Regeln des Zeugnisschreibens beachtet und desto
eher stimmt das Zeugnis in sich. Desto eher sagt es auch
Wichtiges über den Zeugnisinhaber aus.

Eine weitere Frage ist, ob der Code dem Unternehmen vermutlich bekannt ist. Wenn das Zeugnis von einem ausländischen Unternehmen erstellt wurde oder einem kleinen inlän-
dischen Unternehmen, dann glaube ich nicht an die Verwen-
dung des Codes. Wenn der Code nur einmal verwendet wurde, kann es auch ein Zufallstreffer sein. Es könnten auch
Formulierungen auf Bitten des Mitarbeiters ins Zeugnis hin-
eingeschoben sein. Man sagt, dass ca. 40 Prozent der Ange-
stellten-Zeugnisse von den Angestellten selbst geschrieben
wurden. Das lässt sich auch ganz leicht beweisen. Denn in der
Regel sagt der Chef zu dem ausscheidenden Mitarbeiter, er
möge doch bitte einen Entwurf des Zeugnisses schreiben. An
diesem Entwurf wird in der Regel nicht viel verändert werden. Also hat der Mitarbeiter zumindest den Entwurf selbst
geschrieben. Wenn Sie viel Zeugnisse lesen, werden Sie diese
selbst geschriebenen Zeugnisse sehr leicht erkennen können.
Weiter werden Sie erkennen können, ob (z. B. auf Wunsch des
Mitarbeiters) eine Formulierung von „stets zufrieden" hin zu
„vollst zufrieden" verändert wurde. Dann fallen Ihnen auch
in unterschiedlichen Zeugnissen wiederholte Worte auf, die
regelmäßig dann auftreten, wenn bestimmte Formulierungen
auf Wunsch des Mitarbeiters ins Zeugnis genommen wurden.

Stellen Sie außerdem fest, ob bestimmte Formulierungen widersprüchlich sind. Manchmal ist das Zeugnis in sich nicht stimmig. Das soll dann ein Zeichen sein, wenn das ausstellende Unternehmen groß ist. Dann kann man davon ausgehen, dass dieses Unternehmen den Zeugniscode kennt.

### Nicht ein einzelnes Zeugnis überbewerten!

Für die Zeugnisinterpretation ist wichtig, dass nicht nur ein Widerspruch aufgedeckt werden muss. Oft sagt das Zeugnis mehr aus über den Zeugnisschreiber als über den Zeugnisinhaber. Daher sollten Sie bitte nicht einzelne Punkte eines Zeugnisses überbewerten. Es gilt der Grundsatz:

### Im Zweifel für den Bewerber!

Nur aufgrund der Wiederholung von Widersprüchen in mehreren Zeugnissen lässt sich ein gültiges Urteil bilden. Legt ein Bewerber mehrere Zeugnisse mit Auffälligkeiten vor, so sollten Sie vorsichtig sein mit dessen Einstellung.

## Das Lichtbild

Es ist verwunderlich, wie kreativ manche Bewerber sind, wenn es sich um ein ausgefallenes Lichtbild handelt. Da legen Bewerber Fotos bei, die eindeutig mit Polaroid und in einer Flugzeugecke fotografiert wurden. Für eine Führungsposition wird sich mit einem Ganzfoto in kurzen Hosen mit Urlaubshintergrund beworben.

Diese Beispiele stehen für viele andere, die der Verfasser im Laufe seiner Einstellungspraxis gesammelt hat. Das Problem dabei ist, dass die meisten Einstellenden dabei nicht nur auf Gedankenlosigkeit der Bewerber schließen, sondern auf mangelnde Qualifikation für die ausgeschriebene Position. Es kommt aber auf die Firma und die ausgeschriebene Position

an, ob die Gedankenlosigkeit nicht auch als unkonven-
tionelles und kreatives Sich-selbst-Verkaufen bewertet werden sollte.

Bei Untersuchungen über die Prozentanteile der Bewerbungsunterlagen zählt das Foto mit ungefähr 5 Prozent
scheinbar sehr wenig. Diese Untersuchungen beinhalten auch
das Vorstellungsgespräch, das zu Recht einen erheblich
größeren Anteil beansprucht. Zu bedenken ist, dass es bei den
meisten Bewerbungen gar nicht zum Vorstellungsgespräch
kommt. Die reinen Bewerbungsunterlagen (exklusive Gespräch) nehmen dann 100 Prozent ein. Daher steigt in diesem
Fall der Anteil des Fotos ganz erheblich.

Zusätzlich kommt dem Foto ein erheblicher Prozentsatz an
unbewusster Beeinflussung zu. Hier schlagen Sympathie/An-
tipathie und die Vorurteile des Einstellenden bei bestimmter
Kleidung, Aussehen, Haltung des Bewerbers voll zu. Kein
Einstellender wird ehrlich von sich behaupten können, dass
er das Foto nicht anschaut. Kein Einstellender wird ehrlich
von sich behaupten können, dass er sich nicht vom Foto be-
einflussen lässt. Testen Sie sich bitte einmal selbst: Wieviel Bedeutung messen Sie den einzelnen Einstellungsunterlagen wie
Anschreiben, Lebenslauf, Lichtbild bei?

## Befragungen zur Relevanz der Bewerbungsunterlagen

Bewerber legen bei der Zusammenstellung ihrer Bewerbungsunterlagen oft mehr Wert auf den Lebenslauf und die Zeugnisse als auf Lichtbild und Bewerbungsschreiben. Aber das
Bewerbungsschreiben ist das erste Schriftstück, das der Einstellende zur Hand nimmt. Legen die Einstellenden auf die
gleichen Bewerbungsunterlagen besonderen Wert wie die Bewerber? Diese Frage kann zum Teil mit einer Veröffentlichung
beantwortet werden (Quelle: JOACHIM JUNKER, ROSWITHA
STAUSS: Führungskräfteauswahl in Klein- und Mittelbetrieben).

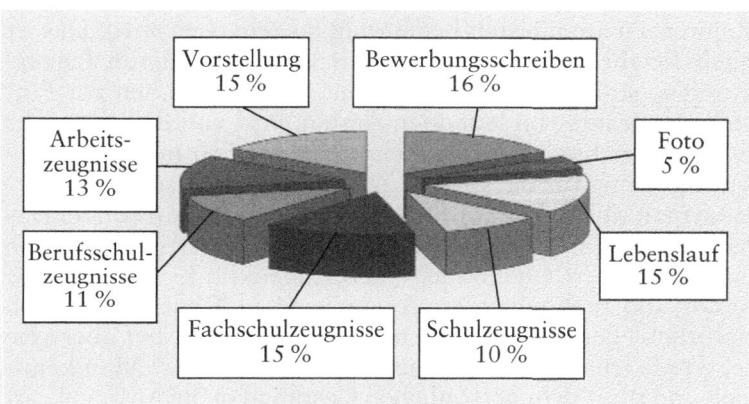

**Abb. 1:** *Führungskräfteauswahl in Klein- und Mittelbetrieben*

Bei dieser Veröffentlichung ist die gleichmäßige Verteilung zwischen Schulzeugnissen und dem Vorstellungsgespräch bemerkenswert. Die Werte bewegen sich ziemlich gleichmäßig zwischen 10 und 15 Prozent. Das lässt u. a. den Schluss zu, das Gespräch habe keine so hohe Bedeutung und die Einstellenden würden schon vor dem Vorstellungsgespräch extrem stark selektieren. Das steht im Gegensatz zu den Erfahrungen des Verfassers.

Aus eigenen, nicht repräsentativen Befragungen des Verfassers von mehreren hundert Teilnehmern von Seminaren zur Einstellungspraxis sind neben der hohen Bedeutung des Vorstellungsgesprächs interessante berufsspezifische Verteilungen deutlich geworden. Hier eine Auswahl von herausgehobenen Ergebnissen und zum Schluss dieser Reihe eine Graphik zum Durchschnittswert aus den Ergebnissen dieser Befragungen des Verfassers.

Die folgende Abbildung zeigt die Einstellungspraxis von leitenden Ärzten in Krankenhäusern. Diese leitenden Ärzte (Institutsleiter und Chefärzte) stellen Assistenz- und Stationsärzte ein. Es wird deutlich, dass neben der Vorstellung den

Referenzen am meisten Bedeutung beigemessen wird. Das ist
nach Erfahrung des Verfassers in keinem anderen Berufszweig so stark ausgeprägt wie hier. Bei Gesprächen zur Einstellungspraxis von leitenden Ärzten wird von diesen immer
wieder berichtet, dass die Zeugnisse letztlich nicht aussagekräftig genug für die spätere Zusammenarbeit seien. Da ver-
lasse man sich lieber auf einen Kollegen, den man kenne. Das
hat natürlich Nachfolgeprobleme folgender Art. Originalton
eines leitenden Chefarztes einer Augenklinik: „Mein Chef
kennt alle maßgebenden Augenärzte in Deutschland, ich
natürlich ebenso. Wenn ich mich mit meinem Chef überwer-
fe, werde ich nirgendwo eine Stelle bekommen." Man kennt
sich und traut dem persönlichen Gespräch mehr Aussagekraft
zu als einem Zeugnis. Dazu kommt, dass ein extrem hoher
Anteil der Klinikärzte befristete Arbeitsverträge hat, so dass
der Zeitpunkt für die nächste Bewerbung absehbar ist. In diesen Fällen hat die Referenz zusätzlich eine disziplinierende
Wirkung für die jetzige Arbeitsstelle.

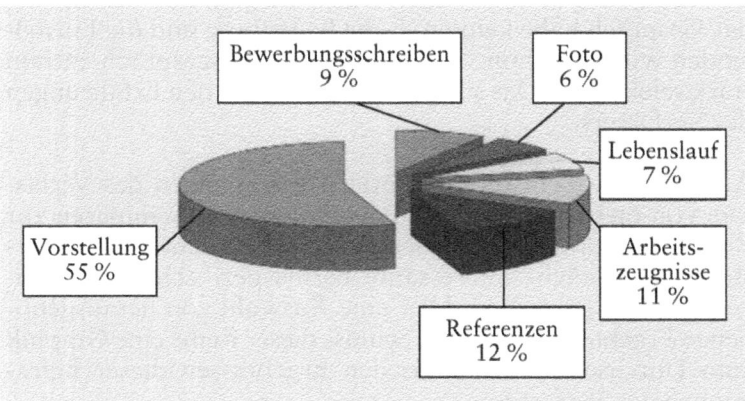

**Abb. 2:** *Einstellung von Ärzten in Krankenhäusern*

Während bei der Einstellung von Ärzten die Referenzen einen
hohen Stellenwert einnehmen, ist bei der Einstellung von Mitarbeitern im Pflegebereich dieser Bereich überhaupt nicht
mehr vertreten. Die Werte der anderen Bereiche sind ziemlich

gleichmäßig verteilt. Das entspricht auch den Erfahrungen des Verfassers. Zusätzlich gibt es in diesem Berufszweig kaum befristete Arbeitsverträge, aber dennoch eine sehr hohe Fluktuation der Mitarbeiter.

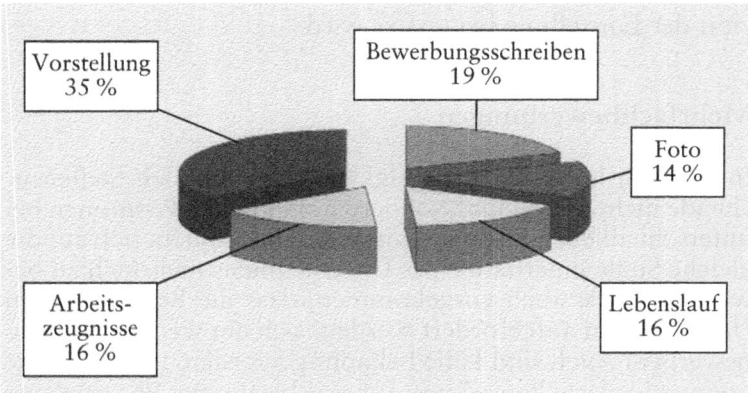

*Abb. 3:* Einstellung von Pflegepersonal in Krankenhäusern

Bei einer Over-All-Betrachtung der Ergebnisse aus den Befragungen des Verfassers ergibt sich folgendes Bild:

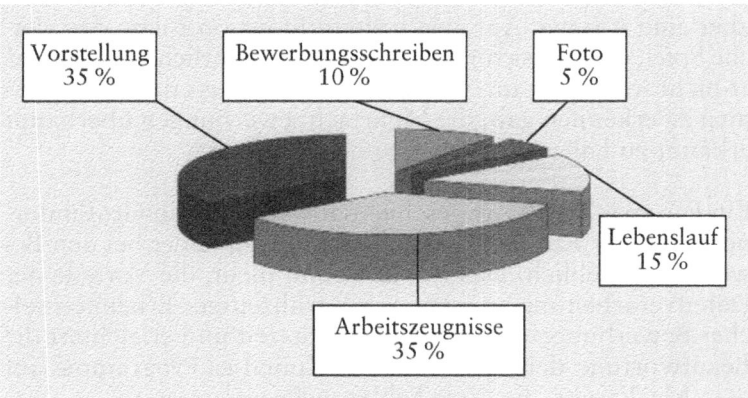

*Abb. 4:* Relevanz der Bewerbungsunterlagen
bei der Einstellung von Mitarbeitern (nicht branchengebunden), (Durchschnittswerte von mehr als 500 in Seminaren Befragten)

Diese Durchschnittswerte entsprechen auch den Erfahrungen des Verfassers. Der Verfasser hat bei seinen Seminaren auch festgestellt, dass mit zunehmendem Diskutieren über die Bewerbungsunterlagen die Bedeutung des Fotos stieg. Das mag damit zusammenhängen, dass den Teilnehmern die Subjektivität der Einstellung bewusster wird.

## Mehrfachbewerbungen

In Zeichen hoher Arbeitslosigkeit bewerben sich Stellensuchende nicht nur einmal, sondern auf ähnliche Positionen bei unterschiedlichen Firmen. Es ist aber auch üblich, sich auf die gleiche Stelle innerhalb eines Unternehmens mehrfach zu bewerben. Es ist auch vorgekommen, dass die Bewerber vom Unternehmen aufgefordert werden, sich ein weiteres Mal zu bewerben. Auch sind Fälle bekannt geworden, in denen eine unaufgeforderte Bewerbung auf eine bestimmte Position eine Absage erhielt, nach kurzer Zeit die gleiche Firma jedoch eine vergleichbare Position in Fachzeitschriften ausgeschrieben hatte. Der gleiche Bewerber bewarb sich erneut und wurde wieder abgelehnt. Bei einer telefonischen Anfrage bei der Firma wurde er um seine Bewerbungsunterlagen gebeten, erhielt aber eine Absage. Auf eine weitere Insertion folgte das gleiche Spiel, ohne dass für den Bewerber ersichtlich wurde, dass er nicht in Frage kam. Geschweige denn, dass das Unternehmen zu erkennen gab, die Mehrfachbewerbungen überhaupt erkannt zu haben.

Ein Fauxpas dieser Art geschieht ausnahmslos in Großunternehmen. Der Ruf der Personalabteilungen leidet bei den Bewerbern erheblich. Das ist ein Grund mehr, die Vorteile der Datenverarbeitung zu nutzen. Ein frühzeitiges Erkennen solcher Bewerbungen erspart viel Arbeitszeit und erleichtert die Beantwortung der Bewerbungen. Zumal es Programme auf dem Markt gibt, die diese Fehlerquelle eliminieren.

Wer die auf dem Markt befindlichen Programme ablehnt, kann sich mit Microsoft Excel eine Bewerberliste selbst stricken. Auch hier ist das Erfassen von Dubletten möglich – wenngleich es etwas umständlicher ist.

## Eine Untersuchung zur Einstellungspraxis

Im Oktober 1993 wurden in einem Großkonzern verschiedene selbständig handelnde Unternehmen angeschrieben und um die Beantwortung von 9 mit der Einstellungspraxis von gewerblichen Mitarbeitern zusammenhängende Fragen gebeten. Es antworteten 16 Unternehmen dieses Konzerns. Hier eine Auswahl der Fragen und Antworten:

1. *Müssen gewerbliche Mitarbeiter in Ihrem Unternehmensbereich einen Personalbogen ausfüllen?*
   13 Unternehmen antworteten mit „Ja"; 2 mit „Nein"; 1 mit „Manchmal"

| Ja | Nein | Manchmal | Summe |
|----|------|----------|-------|
| 13 | 2    | 1        | 16    |

2. *Gibt es eine Einstellungs-Checkliste, die Ihre Führungskräfte bei Interviews mit gewerblichen Mitarbeitern einsetzen?*
   1 Unternehmen antwortete mit „Ja"; 15 mit „Nein"

| Ja | Nein | Summe |
|----|------|-------|
| 1  | 15   | 16    |

3. *Wie viele Personen nehmen üblicherweise an den Einstellungsgesprächen teil?*
   7 Unternehmen antworteten mit „ein Vertreter des Unternehmens"; 8 antworteten mit „zwei Vertreter des Unternehmens"; 1 mit „Manchmal eine, manchmal zwei Personen"

| 1 Person | 2 Personen | Mal 1, mal 2 Pers. | Summe |
|----------|------------|--------------------|-------|
| 7        | 8          | 1                  | 16    |

### 4. Gibt es ein Bewerberprofil?

3 Unternehmen antworteten mit „Ja"; 10 mit „Nein"

| Ja | Nein | Keine Antwort | Summe |
|----|------|---------------|-------|
| 3  | 10   | 3             | 16    |

### 5. Gibt es konkrete Anforderungsprofile für Ihre gewerblichen Mitarbeiter (z. B. Führerscheinklasse, polizeiliches Führungszeugnis, Unfallfreiheit usw)?

8 Unternehmen antworteten mit „Ja"; 3 mit „Nein"; 4 mit „Kommt auf die Position an"

| Ja | Nein | Manchmal | Keine Antwort | Summe |
|----|------|----------|---------------|-------|
| 8  | 3    | 4        | 1             | 16    |

### 6. Gibt es eine Checkliste, die der Befragende nach dem Bewerbungsgespräch bearbeitet?

1 Unternehmen antwortete mit „Ja"; 14 mit „Nein"

| Ja | Nein | Keine Antwort | Summe |
|----|------|---------------|-------|
| 1  | 14   | 1             | 16    |

### 7. Wie viele Gespräche gibt es bei der Einstellung und wie lange dauern sie?

7 Unternehmen antworteten mit „ein Gespräch zwischen 10 und 30 Min."; 3 mit „ein Gespräch zwischen 30 und 90 Min."; 4 mit „ein bis zwei Gespräche ca. 30 Min."; 2 mit „zwei Gespräche ca. 15 Min.".

| 1 Gespräch 10–30 min. | 1 Gespräch 30–90 min. | 1–2 Gespr. ca. 30 min. | 2 Gespr. ca. 15 min | Summe |
|-----------------------|-----------------------|------------------------|---------------------|-------|
| 7                     | 3                     | 4                      | 2                   | 16    |

## 8. Gibt es Schulungen für gewerbliche Mitarbeiter nach deren Einstellung?

8 Unternehmen antworteten mit „Ja"; 8 mit „Nein"

| Ja | Nein | Summe |
|----|------|-------|
| 8  | 8    | 16    |

Bei dieser Befragung wird deutlich, dass
– die Mehrzahl der Unternehmen Personalbogen verwendet;
– die Mehrzahl der Unternehmen keine Checkliste zur Einstellung von gewerblichen Mitarbeitern verwendet, also die Einstellung eher gefühlsmäßig vornimmt;
– die Hälfte der Unternehmen Einstellungen von gewerblichen Mitarbeitern durch nur ein Gespräch praktizieren;
– die Mehrzahl der Unternehmen nicht nach einem Bewerberprofil vorgehen, allerdings ein Anforderungsprofil besteht;
– die Mehrzahl der Unternehmen nach dem Gespräch mit den gewerblichen Bewerbern keine Checkliste über die Eindrücke verwenden;
– die Mehrzahl der Unternehmen nur ein Einstellungsgespräch zwischen 10 und 30 Minuten führen;
– die Hälfte der Unternehmen Schulungen der gewerblichen Mitarbeiter nach deren Einstellung praktiziert.

## Wen zum Gespräch einladen?

Nach der Sichtung der Bewerberunterlagen wird die Einladung zum persönlichen Gesprächstermin aktuell.

Eine Untersuchung bei Personalleitern und Personalberatern zu der Frage, ob eher eine sofortige oder eine erst spät abgeschickte Bewerbung die größten Chancen für den Bewerber eröffnet, zum Gespräch eingeladen zu werden, hat Folgendes ergeben:

Wenn ein Datum in der Stellenanzeige angegeben wurde, bis zu welchen sich beworben werden kann, hat *der* Bewerber eine größere Chance, dessen Bewerbung den Einstellenden *erst in den letzten Tagen* erreicht.

Um als Einstellender dieses Problem umgehen zu können ist es wichtig, sich eine Übersicht über sämtliche Bewerber zu haben. Wenn Sie viele Bewerber über das Jahr einstellen, empfiehlt es sich, ein auf dem Markt befindliches PC-Programm zu verwenden. Damit lässt sich die Übersicht leicht erreichen und Sie umgehen das oben angeführte Problem. Allerdings müssen dazu sämtliche Bewerber erst einmal in die Datenverarbeitung eingegeben werden. Wenn Sie jemanden für diese Tätigkeit haben, der sich natürlich mit dem Programm auskennen muss, so ist das eine erhebliche Erleichterung innerhalb der Einstellungsphase.

Wer kein etabliertes Programm verwenden möchte, wird ein eigenes System entwickeln müssen. Sollten Sie wenig Mitarbeiter pro Jahr einstellen, scheint die Anschaffung und die Einarbeitung in diese Programme ein zu hoher Aufwand zu sein. In diesem Fall empfiehlt es sich, mit Excel oder in Word eine Bewerberliste zu erstellen. Sie können sich aber auch eine stichwortartige Liste über sämtliche Bewerber anfertigen. Auf Seite 47 finden Sie ein Beispiel, das Sie als Muster verwenden können. Das Beispiel ist so aufgebaut, dass Sie es in der Praxis handschriftlich ausfüllen und jeweils erweitern, z. B. um den persönlichen Eindruck beim Vorstellungsgespräch. Das Muster können Sie sich auch mit Excel oder Word erstellen und im PC vervollständigen. Oder Sie lassen es sich als Formblatt ausdrucken und vervollständigen es handschriftlich. Welche Möglichkeit Sie auch wählen – es sollte ein System entsprechend dem Beispiel entstehen.

Das Beispiel ist folgendermaßen aufgebaut. Die # (Nummer) der Bewerbung findet sich wieder z. B. als Aufkleber auf der

Bewerbungsunterlage. So können die Unterlagen schnell wiedergefunden werden. Name und Vorname dienen der weiteren Identifizierung. Die Notiz zum Schulabschluss kann sowohl die Art des Schulabschlusses kennzeichnen wie auch dessen Qualität. Auch Besonderheiten des Schulabschlusses gehören in diese Rubrik. Die berufliche Erfahrung des Bewerbers kommt stichwortartig in die nächste Rubrik. Interessant ist es, wenn dort die bewiesenen Fähigkeiten oder aufgrund der Zeugnisse die Einschätzung der Person notiert werden. Die nächsten beiden Rubriken mit der Verteilung des Rangplatzes sind weiter oben schon beschrieben worden. Aufgrund des zweiten Rangplatzes ergibt sich die Einladung zum Vorstellungsgespräch. Während des Vorstellungsgesprächs entstehen Eindrücke zu vorher festgelegten Kriterien, denen der ideale Bewerber entsprechen sollte. Diese Eindrücke werden hier stichwortartig festgehalten. Nach den Eindrücken aus den Vorstellungsgesprächen ergeben sich neue Rangplätze, die entsprechend notiert werden.

Die Rubrik „Empfehlung" gibt Hinweise für den Personalbereich, wie z. B. der Fachbereich den jeweiligen Bewerber sieht und welcher Bewerber favorisiert wird. Bei jedem Gespräch mit einem Bewerber gibt es Vereinbarungen. Diese markieren meist das Ende des Gespräches und werden in der entsprechenden Rubrik notiert. Bei „Weiteres Vorgehen" steht z. B. Einstellungsangebot oder eine Notiz, die dem Personalbereich Hinweise zum weiteren Vorgehen gibt. Wichtig sind die insgesamt dreimal erwähnten Rangplätze. Das erste Mal wird der Rangplatz gleich nach dem Durchlesen der Unterlagen verteilt, quasi als erster Eindruck (vgl. Seite 18). Dabei können drei Rangplätze unterschieden werden wie:

1. Sehr interessante Bewerbung, Bewerber unbedingt einladen.
2. Noch interessante Bewerbung, Bewerbungsunterlagen zur Sicherheit noch behalten. Möglicherweise ergibt sich eine Möglichkeit.

3. Uninteressante Bewerbung. Bewerbungsunterlagen bald-
   möglichst zurücksenden.

Das zweite Mal wird der Rangplatz verteilt, nachdem alle Bewerbungsunterlagen eingetroffen und ausgewertet sind. Dieser Rangplatz kann sich unterscheiden vom ersten Mal. Denn
es kommt in der Praxis oft vor, dass sich ein zuerst gut ein-
geschätzter Bewerber durch viele später eingetroffene noch
bessere Bewerbungsunterlagen im Mittelfeld wiederfindet.
Auch die umgekehrte Situation ist möglich. Aufgrund dieser
zweiten Rangplatz-Einordnung werden die Bewerber für das
Einstellungsgespräch ausgewählt und eingeladen. Das dritte
Mal wird der Rangplatz verteilt nach Ablauf der Einstellungsgespräche. Diese Einordnung ist nicht nur für das Einstellungsangebot wichtig, sondern für den Fall, dass das Einstellungsangebot vom besten Bewerber abgelehnt wird.

| Name | Vor-name | Schul-Abschluss | Berufliche Erfahrung | Rang Platz | Eindruck b. Vorstellung | Rang Platz | Empfehlung | Vereinbar. m. Bewerb. | Weiteres Vorgehen | # |
|---|---|---|---|---|---|---|---|---|---|---|
| | | | | | | | | | | |
| | | | | | | | | | | |
| | | | | | | | | | | |
| | | | | | | | | | | |
| | | | | | | | | | | |

*Musterformular 1: Übersicht eingegangener Bewerbungen*

## Bitte beantworten Sie die folgenden Fragen:

Diese Fragen sollen Ihnen Gelegenheit geben, sich über die Einstellungspraxis in Ihrem Unternehmen Gedanken zu machen. Ich empfehle Ihnen, Ihre Antworten in einem kleinen Heft zu notieren. Sicher ergeben sich aufgrund dieser Fragen Verbesserungsmöglichkeiten.

1. Haben Sie für die Einstellung ein Anforderungs- und Bewerberprofil, so dass Sie sich im Vorhinein ein Bild machen können über die von Ihnen gewünschten Bewerber?

2. Ab wieviel Bewerbern würde es sich Ihrer Meinung nach lohnen, ein PC-Programm zur Einstellung von Mitarbeitern anzuschaffen und zu pflegen?

3. Könnte es einen Grund haben, dass Sie bisher wenig E-Mail oder CD's von Bewerbern bekommen? Da sich interessante Bewerber auch mit diesen Medien bewerben, sollten Sie sich diesen Markt nicht entgehen lassen. Was könnten Sie für die Erfassung dieses Marktes tun?

4. Geben Sie den Bewerbern die Möglichkeit einer telefonischen Vorabauskunft?

5. Was könnten Sie als Einstellender ändern, um noch mehr von den telefonischen Vorabgesprächen mit den Bewerbern für die richtige Auswahl zu profitieren?

6. Könnten Sie sich vorstellen, mehr mit Kurzbewerbungen und Bewerbungen per Fax, E-Mail oder Internet zu arbeiten? Was müssten Sie dafür tun?

7. Können Sie unkonventionelle Kurzbewerbungen akzeptieren? Könnte es in Ihrem Unternehmen Abteilungen geben, die gerade diese Unkonventionalität gut täte? Was müssen Sie dafür tun?

8. Müssen Sie wirklich Wert auf vollständige Unterlagen bei allen Bewerbern legen? Könnten Sie sich vorstellen, auch aufgrund weniger Unterlagen die geeigneten Bewerber herauszufinden?

9. Wie könnten Sie sich Ihre Arbeitszeit einteilen, damit Sie bei vielen Bewerbern nicht tagelang nur Bewerbungsgespräche führen müssen?

10. Ordnen Sie die Bewerbungen sofort nach Eintreffen in die drei Kategorien ein:
   1. Sehr interessante Bewerbung
   2. Noch interessante Bewerbung
   3. Uninteressante Bewerbung
   Sollten Sie oder Ihre Mitarbeiter diese Einordnung noch nicht vornehmen und den Bewerbern aus Kategorie 3 noch nicht sofort abschreiben – was müssen Sie tun, damit Sie hier noch effizienter arbeiten?

11. Wenn bei den Bewerbungen sehr gute Bewerber sind – springen die manchmal ab? Was müssen Sie tun, damit Sie mit diesen sehr guten Bewerbern schnell einen Arbeitsvertrag abschließen?

12. Arbeiten Sie mit Checklisten bei der Durchsicht der Bewerbungsunterlagen und insbesondere des Anschreibens und des Lebenslaufs?

13. Arbeiten Sie mit der Zeigefingerprobe und notieren Sie sich Auffälligkeiten der Bewerbungsunterlagen?

14. Welche Bedeutung messen Sie persönlich jeweils dem Anschreiben, Lebenslauf, Zeugnissen und dem Lichtbild bei? Können Sie diese Verteilung begründen?

# 3

## *Auswahl der Bewerber zum weiteren Vorgehen*

Schon wenn die Hälfte der Bewerbungen vorliegen, sollte mit der Auswahl der Bewerber zum Einstellungsgespräch begonnen werden. Eine gute Hilfestellung ist die sofortige Einordnung der Bewerber bei Durchsicht der Bewerbungsunterlagen in einen der drei Rangplätze. Mit den Bewerbern auf Rangplatz 1 kann eigentlich sofort ein Termin vereinbart werden. Denn – wenn aufgrund der Bewerbungsunterlagen die perfekte Qualifikation deutlich wird, wäre ein Hinauszögern grundlos. Hier würde ich auch keine unnötige Zeit verstreichen lassen und erst bis zum Ende der Bewerbungsfrist warten, denn bis dahin könnte der perfekte Bewerber schon den Arbeitsvertrag einer anderen Firma unterschrieben haben. Dieses Risiko einzugehen ist nicht sinnvoll. Der Grundsatz lautet also:

> **Mit Bewerbern auf Rangplatz 1 sofort einen Termin vereinbaren.**

Sollte aus internen Gründen diese Einordnung nicht sofort wahrgenommen werden können, so sollten Sie spätestens bei Erreichen der Hälfte der Bewerbungen mit dieser Rangordnung beginnen.

## Die Zahl eingegangener Bewerbungen

Wenn etwa die Hälfte der Bewerbungen eingegangen ist, lässt sich ziemlich einfach durch Zählen der eintreffenden Bewerbungen erkennen. Nach Erscheinen der Annonce notieren Sie sich die Anzahl der Bewerbungen pro Tag. Nehmen wir dazu an, dass wie beim nebenstehenden Beispiel an einem Arbeitstag sieben Bewerbungen eingetroffen sind, am folgenden Tag 19 Bewerbungen usw. ... (siehe Beispiel). Wenn am Ende des fünften Arbeits-

| | |
|---|---|
| 1. Arbeitstag | 7 Bewerbungen |
| 2. Arbeitstag | 19 Bewerbungen |
| 3. Arbeitstag | 27 Bewerbungen |
| 4. Arbeitstag | 32 Bewerbungen |
| 5. Arbeitstag | 29 Bewerbungen |

tags weniger Bewerbungen eingetroffen sind, als am vorherigen, so ist die Hälfte der Bewerbungen mit einiger Sicherheit am Ende des vierten Arbeitstages erreicht worden. Die Hälfte sind in diesem Beispiel 85 Bewerbungen (7 + 19 + 27 + 32 = 85). Das bedeutet weiter, dass Sie insgesamt mit dem Doppelten, also mit 170 Bewerbungen rechnen können. Das können Sie aber erst am Ende des fünften Arbeitstages wissen, denn Sie müssen über den Peak hinaus, um ihn erkennen zu können.

Wenn Sie nach diesem System mit 170 Bewerbungen rechnen, sollten Sie am Ende der Bewerbungsfrist insgesamt je 56,6 Bewerber (statistisch gesehen) in Rangplatz 1, 2 und 3 eingeordnet haben. Am Ende des vierten Arbeitstages wären das bei dann erhaltener 85. Bewerbung 28,3 Bewerber pro Rangplatz. Nun halten sich die Bewerber nicht immer an diese statistischen Vorgaben, daher sind es nur Anhaltswerte. Wenn Sie dagegen schon bei Erhalt der Hälfte der erwarteten Bewerbungen nur Rangplatz 1 und 2 vergeben, so sollten Sie Ihr Rangplatzsystem überprüfen. Sind Sie zu gutmütig und gibt es vielleicht keine nicht geeigneten Kandidaten für Sie?

Es könnte auch sein, dass die Annonce zu viel Personen anspricht, zu wenig Voraussetzungen für die Bewerber enthält oder dass Sie ganz bewusst eine Maximalanzahl Bewerbungen erhalten wollten. Bitte überprüfen Sie, ob Ihre Taktik sinnvoll ist. Wenn Sie am vierten Arbeitstag schon 85 Bewerbungen erhalten haben, können Sie mit der Bearbeitung der eintreffenden Bewerbungen längst beginnen und die Gesamtzahl ziemlich genau planen, obgleich täglich weitere Bewerbungen eintreffen.

## Drei bis maximal fünf Bewerber zum Gespräch einladen

Nachdem Sie die ersten 20 Bewerber in dem Rangplatzsystem eingeordnet haben, werden Sie sicher einige geeignete Kandidaten haben. Nach Einschätzung des Verfassers ist es ausreichend, drei bis maximal fünf Bewerber zum Gespräch einzuladen – unter der Voraussetzung, dass

– das Anforderungsprofil der vakanten Position klar ist,
– der künftige Vorgesetzte des Bewerbers das Bewerberprofil kennt.

Je weniger diese Punkte zutreffen, desto mehr Bewerber müssen Sie zum Gespräch einladen und sie sich persönlich anschauen. Gleichzeitig wird die endgültige Auswahl erheblich schwieriger – ganz zu schweigen von den erhöhten Kosten.

Es mag eine Ausnahme geben, wenn eine große Anzahl „Kukis" (Kundenkinder) oder „Mikis" (Mitarbeiterkinder) unter den Bewerbern sind. Hier scheut man sich oft, einen lapidaren Absagebrief zu schreiben und will den guten Willen beweisen, obgleich die sich bewerbenden „Kukis" oder „Mikis" den Anforderungen nicht entsprechen. Hier führen Sie ein Bewerbergespräch aus Kulanz. Das sind dann sogenannte Pflichtübungen, die bei der oben genannten Bewerberanzahl nicht eingerechnet sind.

Der Verfasser weiß von unterschiedlichsten Behörden, dass für eine vakante Stelle bis zu 15 Bewerber für das Gespräch eingeladen werden. Diese Zahl ist nach Einschätzung des Verfassers bei weitem zu hoch. Das gilt auch dann, wenn (wie bei den meisten Behörden) den Bewerbern kein Fahrgeld erstattet wird. Ideal ist es, wenn Sie drei bis fünf Bewerber einladen.

Um die besten drei Bewerber aus einer Menge von mehr als 30 Bewerbern auszuwählen, können Sie kaum mehr Ihrem Eindruck oder einem Gefühl folgen. Dennoch passiert das auch heute immer wieder, wie das folgende Beispiel aus einer Behörde zeigt: Der Amtsleiter (Fachgebiet) sitzt mit der Frauenbeauftragten und einer Anwärterin zusammen. Der Amtsleiter Personal kommt in den Raum, legt eine Akte auf den

Tisch und sagt: „*Der* Bewerber ist am besten geeignet. Den will ich haben." Zuerst kommt dieser Bewerber, ein attraktiver junger Mann herein, der einen guten Eindruck macht. Seine Diplomarbeit behandelt ein Gebiet mit Bezug zur vakanten Stelle. Der Amtsleiter erzählt zuerst ausführlich und stellt dann dem Bewerber eine Fachfrage zur juristischen Beurteilung. Da der Bewerber kein Jurist ist, kann er diese Fachfrage nicht zufriedenstellend beantworten. Der Amtsleiter wird immer ungehaltener, der Bewerber immer unsicherer. Nachdem der Bewerber den Raum verlassen hat, zieht der Amtsleiter über die mangelnde Qualifikation des Bewerbers her. Jetzt widerspricht ihm die Frauenbeauftragte.

Folgende Fehler sind aufgetreten:

- Offensichtlich kannte nur der Amtsleiter Personal die Bewerbungsunterlagen.
- Der Amtsleiter war vor Beginn des Gespräches schon auf einen Bewerber festgelegt.
- Die anderen Beteiligten haben das Informationsverhalten des Amtsleiters und sein Verhalten im Gespräch akzeptiert.
- Es wurde weder ein Bewerberprofil noch eine Aufstellung der für diese Position geforderten Fähigkeiten vorher vereinbart.
- Es waren zu viele Statisten beim Gespräch anwesend. Statisten erhöhen die Bedeutung des Redners, daher sind diese für manche Führungskraft interessant.
- Es wurde nicht abgestimmt, wer welchen relevanten Bereich im Gespräch abcheckt.
- Der Amtsleiter Personal führte offensichtlich ein Verhör statt eines Gespräches.
- Es fanden nach dem Gespräch keine Abstimmungen zum Bewerberverhalten bezüglich z. B. Fachkenntnisse, Durchsetzungsvermögen, Stressbelastung statt.

Um diese Fehler zu vermeiden, benötigen Sie ein System von Muss- und Sollzielen.

## Die Entscheidungsanalyse für einen Bewerber

Dieses System umfasst folgende Entscheidungsschritte:

1. Eindeutige Definition der Aufgaben auf der ausgeschriebenen Stelle
2. Mögliche Alternativen bei den Bewerbern
3. Muss-Zielsetzung
4. Wunsch-Zielsetzung
5. Gewichtung der Wunsch-Ziele
6. Bewertung der Wunsch-Ziele
7. Vorläufige Entscheidung
8. Risikoanalyse
9. Endgültige Entscheidung

Zuerst wird die Entscheidungssituation eindeutig definiert und die Alternativen werden aufgelistet. Anschließend folgen die Muss-Ziele, die unbedingt erreicht werden müssen. Wer hier zu viel Muss-Ziele einsetzt, wird möglicherweise keine der Alternativen berücksichtigen können. Wer zu wenig Muss-Ziele einsetzt, dem wird die Entscheidungstechnik keine Hilfe sein, da er die unterschiedlichen Alternativen nicht gewichten und daher keine Entscheidungsreihenfolge aufstellen kann. Bei der Wunschzielsetzung können alle die Wünsche berücksichtigt werden, die den Wünschen der Entscheider entsprechen.

Nach der Zielsetzung folgt die Gewichtung der Wunsch-Ziele. Die Muss-Ziele sind ja schon festgelegt und brauchen nicht gewichtet zu werden. Es kann ja keine Alternative berücksichtigt werden, die nicht sämtliche Muss-Ziele erfüllt. In der Praxis werden die Wunsch-Ziele mit Punkten bedacht. Je mehr Punkte das Wunsch-Ziel erhält, desto wichtiger ist dieses Wunsch-Ziel im Gegensatz zu den anderen Wunsch-Zielen. Diese Technik bedeutet, dass sich der Entscheider genau darüber im Klaren sein muss, was er eigentlich will.

Nachdem die Gewichtung der Wunsch-Ziele stimmt, werden die Alternativen jeweils pro Wunsch-Ziel bewertet. Das bedeutet, dass jede Alternative mit jeder anderen Alternative in eine Beziehung gesetzt wird. Sinnvollerweise geschieht das ebenfalls mit Punkten. Am Ende der Bewertung zählt die Multiplikation der Punkte aus der Gewichtung der Wunsch-Ziele mit den Punkten jeder Alternative. Die vorläufige Entscheidung ergibt sich bei der Summe von Punkten, die jede Alternative erreicht hat. Die Alternative, welche die meisten Punkte erreicht hat, hat gewonnen. Diese Entscheidung ist deshalb nur vorläufig, weil sich bei abschließender Betrachtung immer noch Imponderabilien ergeben können. Daher folgt eine Risikoanalyse. Aber Vorsicht: Wenn die Wunsch-Ziele nicht richtig gewichtet oder wenn nicht alle berücksichtigt worden sind, wird die vorläufige Entscheidung wieder umgestoßen. Daher kann mit der Risikoanalyse sehr leicht ein Selbstbetrug einhergehen. Die Risikoanalyse dient also nur dem nochmaligen Durchdenken, ob alle Wunsch-Ziele berücksichtigt und richtig gewichtet sind. Jetzt kann die endgültige Entscheidung folgen.

In der Praxis und anlässlich der Einstellung eines Bewerbers können Sie in diesen Schritten vorgehen:

1. Die eindeutige Definition ist mit der Einstellung eines Bewerbers als ... leicht vorzunehmen.
2. Alternativen werden aufgelistet, in diesem Fall sind nur 4 Bewerber in der engeren Wahl.
3. Muss-Ziele sind in diesem Fall, dass der Bewerber älter als 35 Jahre, aber jünger als 42 Jahre sein muss. Ein zusätzliches Muss-Ziel ist, dass er die Ausbildung an einer Fachhochschule absolviert haben muss. Eine Hochschulausbildung ist in diesem Falle nicht erwünscht.

| Bewerber: Muss-Ziele: | Argolat | Basalla | Cramer | Dietrich |
|---|---|---|---|---|
| >35 J. <42 J.: | 42 J. | 37 J. | 40 J. | 35 J. |
| Ausb. FHS: | ja | ja | ja | ja |

4. Die Wunsch-Ziele lauten: Es sollte ein Bewerber sein, der verheiratet ist. Dann passt er am besten ins vorhandene Arbeitsteam. Er sollte Erfahrungen in bestimmten Tätigkeiten haben, was in der Tabelle in Jahren ausgedrückt ist, und eine ausgeprägte Persönlichkeit sein. Die Erfahrung wird mit der Anzahl von Sternen gekennzeichnet.

| Bewerber: | Argolat | Basalla | Cramer | Dietrich |
|---|---|---|---|---|
| Muss-Ziele: | | | | |
| >35 J. <42 J.: | 42 J. | 37 J. | 40 J. | 35 J. |
| Ausb. FHS: | ja | ja | ja | ja |
| Wunsch-Ziele: | | | | |
| m., verh.: | | | | |
| Erfahr. in …: | | | | |
| Ausgepr. Pers.: | | | | |

5. Bei der Gewichtung der Wunsch-Ziele gehen Sie so vor, dass Sie die Wunsch-Ziele senkrecht in eine Reihenfolge bringen. Dabei ergibt sich, dass ein Mann hervorragend in das vorhandene Team passen würde. Nehmen wir einfach mal an, dass im bisherigen Team ausschließlich Männer arbeiten und der Arbeitgeber bei der Einstellung einer Frau Konflikte innerhalb des Teams befürchtet. Dieser Arbeitgeber denkt in diesem fiktiven Fall nun mal so. Obgleich es möglicherweise Frauen gibt, bei denen diese Konflikte nicht auftreten. Deshalb ist dieses Ziel nicht als Muss-Ziel formuliert. Dieses Wunschziel hat höchste Priorität und erhält bei insgesamt drei Wunschzielen die höchste Punktzahl, nämlich drei Punkte. Weiter wäre es sehr wünschenswert, wenn der Mann Erfahrungen in bestimmter Art von z. B. Projektarbeit hat. Sollte der Mann diese Erfahrungen nicht haben, kann er notfalls auch angelernt werden oder Kurse besuchen. Das würde in diesem Fall aber zu zusätzlichen Verzögerungen führen, die nicht gewünscht sind. Der Arbeitgeber nimmt weiter an, dass die Menge an beruflicher Erfahrung sich positiv auswirken wird. Also je mehr berufliche Erfahrung er vorweisen kann, desto besser. Da der Arbeitgeber aber bei geringer Erfahrung in diesen sauren Apfel beißen würde und die Priorität erst an zweiter Stelle liegt, erhält dieses Wunsch-

{}

ziel folgerichtig zwei Punkte. Weil der Bewerber auch mal mit hochrangigen Persönlichkeiten zu tun hat, wäre es wünschenswert, wenn er selbst eine ausgeprägte Persönlichkeit ist. Dieses Ziel sieht der Arbeitgeber aber als untergeordnet an – im Gegensatz zu den anderen Wunsch-Zielen. Daher erhält dieses Wunsch-Ziel nur einen Punkt.

| Bewerber:<br>Wunsch-Ziele: | Argolat | Basalla | Cramer | Dietrich |
|---|---|---|---|---|
| 3 männl., verh.: | m/verh. | m/verh. | w/verh. | m/verh. |
| 2 Erfahr. in ...: | 1 Jahr | 2 Jahre | 3 Jahre | 4 Jahre |
| 1 Ausgep. Pers.: | 5 Sterne | 2 Sterne | 4 Sterne | 3 Sterne |

Bei der Bewertung gehen Sie so vor, dass Sie Punkte an die Bewerber vergeben. Sie vergleichen also waagerecht. Das bedeutet, dass der Bewerber A 2 Punkte erhält (weil männlich), B ebenfalls 2 Punkte, C nur einen Punkt (weil weiblich) und D auch 2 Punkte. Mit dieser Technik gehen Sie alle Bewerber bezüglich der Wunschziele durch und erhalten Zahlen für jeden Bewerber und jedes Wunsch-Ziel.

| Bewerber:<br>Wunsch-Ziele: | Argolat | | Basalla | | Cramer | | Dietrich | |
|---|---|---|---|---|---|---|---|---|
| 3 männl., verh.: | m/verh. | 2 | m/verh. | 2 | w/verh. | 1 | m/verh. | 2 |
| 2 Erfahr. in ...: | 1 Jahr | 1 | 2 Jahre | 2 | 3 Jahre | 3 | 4 Jahre | 4 |
| 1 Ausgep. Pers.: | 5 Sterne | 5 | 2 Sterne | 2 | 4 Sterne | 4 | 3 Sterne | 3 |

6. Nun brauchen Sie nur die Punkte der Wunsch-Ziele mit denen der Bewerber zu multiplizieren. Das ergibt bei Wunsch-Ziel männlich und verheiratet bei Bewerber A (3x2) = sechs Punkte, bei Bewerber B und D ebenfalls, während Bewerber C nur (3 x 1) = drei Punkte erhält.

| Bewerber:<br>Wunsch-Ziele: | Argolat | | Basalla | | Cramer | | Dietrich | |
|---|---|---|---|---|---|---|---|---|
| 3 männl., verh.: | m/verh. | 2/6 | m/verh. | 2/6 | w/verh. | 1/3 | m/verh. | 2/6 |
| 2 Erfahr. in ...: | 1 Jahr | 1/2 | 2 Jahre | 2/4 | 3 Jahre | 3/6 | 4 Jahre | 4/8 |
| 1 Ausgep. Pers.: | 5 Sterne | 5/5 | 2 Sterne | 2/2 | 4 Sterne | 4/4 | 3 Sterne | 3/3 |

7. Die so erreichten Summen der Bewerber zählen Sie zusammen und erhalten die vorläufige Entscheidung – in unserem Beispiel Bewerber D mit 17 Punkten.

| Bewerber:<br>**Wunsch-Ziele:** | Argolat | | Basalla | | Cramer | | Dietrich | |
|---|---|---|---|---|---|---|---|---|
| 3 männl., verh.: | m/verh. | 2/6 | m/verh. | 2/6 | w/verh. | 1/3 | m/verh. | 2/6 |
| 2 Erfahr. in …: | 1 Jahr | 1/2 | 2 Jahre | 2/4 | 3 Jahre | 3/6 | 4 Jahre | 4/8 |
| 1 Ausgep. Pers.: | 5 Sterne | 5/5 | 2 Sterne | 2/2 | 4 Sterne | 4/4 | 3 Sterne | 3/3 |
| **Summe Punkte** | **13** | | **12** | | **13** | | **17** | |

8. Die Risikoanalyse ergibt in diesem Fall keine Risiken, da
   bei den Muss- und Wunschzielen auch die Einstellungs-
   gehälter und das jetzige Gehalt schon überprüft wurde. In
   der Praxis könnte die Risikoanalyse z. B. beinhalten:
   – Bei einem Bewerber, der kurz vor seinem Examen steht,
     das Nichtbestehen der Prüfung;
   – Bei sicherheitsrelevanten Bereichen das Nichtbestehen
     der Sicherheitsprüfung.
   Je mehr Punkte Sie in der Risikoanalyse (statt in den
   Wunsch- oder Muss-Zielen) verankern, desto schwieriger
   wird die Entscheidungsfindung.
9. Damit ist die endgültige Entscheidung getroffen.

Wer Entscheidungen mit dieser Technik trifft, macht sich
nicht nur vor der Entscheidung darüber Gedanken, was er
will, sondern trifft die Entscheidung wohl überlegt.

## Bitte beantworten Sie die folgenden Fragen:

Diese Fragen sollen Ihnen Gelegenheit geben, sich über die Einstellungspraxis in Ihrem Unternehmen Gedanken zu machen. Ich empfehle Ihnen, Ihre Antworten in einem kleinen Heft zu notieren. Sicher geben Ihnen die Überlegungen zu diesen Fragen Verbesserungsmöglichkeiten.

1. Nach welchem System wählen Sie die interessanten Bewerber zum Gespräch aus?

2. Wann beginnen Sie in der Regel mit der Sichtung der Bewerbungsunterlagen? Was müssen Sie tun, damit die Sichtung der Unterlagen früher geschieht?

3. Wie sieht bei Ihnen die Drittelung in Rangplätze aus – sind es immer drei gleiche Teile oder differiert das ganz erheblich? Was könnte die Ursache dafür sein?

4. Treffen Sie die Entscheidungen für die Einladung zum Einstellungsgespräch nach einem System oder aufgrund einer inneren Stimme? Was könnten Sie für die Objektivierung der Einstellungsentscheidung tun?

5. Wieviel Argumente haben Sie in Ihrer Risikoanalyse? Werten Sie damit Ihre Muss- und Sollziele ab und werfen vorher getroffene Entscheidung wieder über den Haufen?

# 4

# *Psychologische Tests*

Bei der Bewerberauswahl mit Testverfahren können Fertig-
keits- oder Fähigkeitstests verwendet werden wie z. B. ein
Bürotest. In der Regel wird aber das Erfassen der Persönlichkeit des Bewerbers im Vordergrund stehen. Psychologische
Tests ermöglichen in kurzer Zeit eine schnelle Einschätzung
des Bewerbers. Deshalb setzen viele Unternehmen Einstellungstests ein. Die am meisten verbreiteten Tests sind gleichzeitig die ältesten:

– 16 P.F.-Test (Beantwortet Ausprägung von 16 Persönlich-
  keitsfaktoren, wie Durchsetzungsfähigkeit, soziales Verhalten)
– I-S-Test (Beantwortet Intelligenzniveau)
– Pauli-Test (Beantwortet Ausprägung und Interessenlage,
  wie psychische Antriebskraft, Ausdauer, Motivation)

Einstellungstests haben den erheblichen Vorteil, dass sie als
Beweis für bestimmte Stärken und Schwächen des Bewerbers
verwenden können. Das gilt insbesondere für Personalbera-
ter, die Ihre Einstellungsentscheidung damit auch beweisen
können. Allerdings ist das Ergebnis eines Tests noch keine
Aussage über die Gültigkeit des Tests für die betreffende Zielgruppe. Unter den für die Einstellung relevanten Tests hebt
sich ein Test ganz erheblich heraus, der P.A.T.-Test. Daher
wird er hier vorgestellt.

Allerdings ist der Einsatz von Personalauswahlverfahren und
-methoden immer auch von rechtlichen Gesichtspunkten be-
gleitet. So darf z. B. der Bewerber nicht gegen seinen Willen
getestet werden. Es muss ein berechtigtes, billigenswertes und
schutzwürdiges Interesse des Arbeitgebers bestehen. An einer
vollkommenen Durchleuchtung seiner Person hat kein Bewerber ein Interesse und muss davor geschützt werden.*

---

* Vgl. BENNO GRUNEWALD: Der Einsatz von Personalauswahlverfahren
  und -methoden im Betrieb – ein faktisch rechtsfreier Raum? In: Neue
  Zeitschrift für Arbeitsrecht Heft 1/96, S. 15 ff.

# Der P.A.T.-Test

Der P.A.T.-Test (Praxisbezogene Analyse zu Tätigkeitsmerkmalen) besteht eigentlich aus drei Tests: einem Interessenprofil und zwei Tests nach dem gleichen Prinzip wie „The Authorian Personality". „Wir sahen keinen Grund dazu, das Rad zweimal zu erfinden", so RICHARD WICKLUND-HANSEN, der norwegische Mitentwickler des Tests.

Die der Entwicklung des P.A.T.-Tests zugrunde liegende Haupttheorie geht davon aus, dass ein guter Verkäufer mindestens zwei grundlegende Eigenschaften haben muss. Erstens ein großes Einfühlungsvermögen (Empathie), um z. B. einem Kunden ein Produkt, eine Dienstleistung oder auch Führung verkaufen zu können. Die Empathie (die Fähigkeit, sich in andere hineinzuversetzen) bedeutet nicht notwendigerweise, Sympathie zu empfinden. Man kann sich darüber im Klaren sein, was die andere Person empfindet, ohne mit dieser einig zu sein.

Die zweite grundlegende Eigenschaft ist ein besonderes Eroberungsbedürfnis, das „Egodrive" (Drang nach Selbstbestätigung) genannt werden kann. Gerade dieses Egodrive lässt z. B. bei einem Verkäufer den Drang entstehen, einen Verkauf durchführen zu müssen. Der Kunde soll ihm dabei helfen, diesen Bedarf zu befriedigen. Natürlich muss der Test eine Reihe anderer persönlicher Eigenschaften enthüllen, wie beispielsweise Fleiß, das Vermögen sich zu exponieren, die Fähigkeit zur Kommunikation usw. Empathie und Egodrive sind in Positionen, wo Überzeugungskraft verlangt wird, eine absolute Notwendigkeit.

Zu den Vorläufern des P.A.T.-Tests gehört MAYER/GREEN-BERGS MPI (Multible Personal Inventory, aus: The Journal of Psychology, 1964, 57, S.114-123). Dieser wurde in seiner ersten Version Anfang der 60er Jahre entwickelt. Der ganze Test dauerte ungefähr eine Stunde und erforderte keine besonderen Voraussetzungen bei den Testpersonen.

Das Testen des Tests dauerte 3 Jahre. Eine wichtige Phase bei
den Untersuchungen zur Gültigkeit des Tests war die Frage zur
Voraussagbarkeit des Berufserfolgs. Im Jahr 1961 wurden
195 Verkäufer bei 27 Autohändlern sowie 181 Versiche-
rungsvertreter getestet. Nur Verkäufer, die weniger als 60 Tage in Arbeit oder ganz neu eingestellt waren, kamen in Betracht. Die Testauswertung wurde versiegelt und den Händ-
lern und Versicherungsgesellschaften überlassen, die sie sechs
Monate ungeöffnet aufbewahrten. Erst dann sollten die Vor-
auswertungen mit den tatsächlichen Verkaufszahlen in der 6-
monatigen Periode verglichen werden (Tabelle 1).

Tabelle 1:

**195 neu eingestellte Autoverkäufer, getestet unmittelbar nach der Ein-
stellung.**

| | |
|---|---|
| **Stark empfohlen wurden:** | **34 Verkäufer eingeschätzt. Davon** |
| nach 6 Monaten: | 30 hatten überdurchschnittlichen Erfolg |
| | 1 hatten unterdurchschnittlichen Erfolg |
| | 3 hatten aufgehört oder waren gekündigt |
| Nach 18 Monaten | 28 hatten überdurchschnittlichen Erfolg |
| | 0 hatten unterdurchschnittlichen Erfolg |
| | 6 hatten aufgehört oder waren gekündigt |
| | |
| **Empfohlen wurden:** | **49 Verkäufer eingeschätzt. Davon** |
| nach 6 Monaten: | 32 hatten überdurchschnittlichen Erfolg |
| | 10 hatten unterdurchschnittlichen Erfolg |
| | 7 hatten aufgehört oder waren gekündigt |
| Nach 18 Monaten: | 29 hatten überdurchschnittlichen Erfolg |
| | 8 hatten unterdurchschnittlichen Erfolg |
| | 12 hatten aufgehört oder waren gekündigt |
| | |
| **Nicht voll empfohlen wurden:** | **60 Verkäufer eingeschätzt. Davon** |
| nach 6 Monaten: | 9 hatten überdurchschnittlichen Erfolg |
| | 34 hatten unterdurchschnittlichen Erfolg |
| | 17 hatten aufgehört oder waren gekündigt |
| Nach 18 Monaten: | 2 hatten überdurchschnittlichen Erfolg |
| | 29 hatten unterdurchschnittlichen Erfolg |
| | 29 hatten aufgehört oder waren gekündigt |
| | |
| **Als ungeeignet wurden:** | **52 Verkäufer eingeschätzt. Davon** |
| nach 6 Monaten: | 0 hatten überdurchschnittlichen Erfolg |
| | 28 hatten unterdurchschnittlichen Erfolg |
| | 24 hatten aufgehört oder waren gekündigt |

| Nach 18 Monaten: | 0 hatten überdurchschnittlichen Erfolg |
|---|---|
| | 16 hatten unterdurchschnittlichen Erfolg |
| | 36 hatten aufgehört oder waren gekündigt |

Diese Ergebnisse zeigen eine sehr hohe Übereinstimmung zwischen dem MPI und späterem Berufserfolg der Testpersonen. Bemerkenswert ist, dass von den im Test als ungeeignet eingeschätzten Verkäufer keiner überdurchschnittliche Verkaufserfolge erreichen konnte.

Tabelle 2:

**108 Bewerber, die vor der Einstellung getestet wurden.**

| **Stark empfohlen wurden:** | **20 Bewerber, davon** |
|---|---|
| nach 5 Monaten: | 85 % waren weiterhin in ihrer Stellung |
| | 15 % hatten aufgehört/waren gekündigt |
| Nach 11 Monaten: | 70 % waren weiterhin in ihrer Stellung |
| | 30 % hatten aufgehört/waren gekündigt |
| | |
| **Empfohlen wurden:** | **38 Bewerber, davon** |
| nach 5 Monaten: | 82 % waren weiterhin in ihrer Stellung |
| | 17 % hatten aufgehört/waren gekündigt |
| Nach 11 Monaten: | 69 % waren weiterhin in ihrer Stellung |
| | 31 % hatten aufgehört/waren gekündigt |
| **Nicht voll empfohlen oder als ungeeignet eingeschätzt wurden:** | **50 Bewerber, davon** |
| nach 5 Monaten: | 64 % waren weiterhin in ihrer Stellung |
| | 36 % hatten aufgehört/waren gekündigt |
| Nach 11 Monaten: | 48 % waren weiterhin in ihrer Stellung |
| | 52 % hatten aufgehört/waren gekündigt |

Auch bei den Bewerbern zeigt sich die hohe Übereinstimmungsrate zwischen Testergebnis und späterem Berufserfolg.

Der Test ist nicht nur für Verkäufer geeignet, denn sowohl GREENBERGS PDI-Test als auch die Weiterentwicklung: P.A.T.-TEST wurde von Anfang an zur Auswertung von Kandidaten für verschiedene Positionen angewandt. Verfolgt man z. B. die Auswertung von Führungskräften über eine 3-jährige Periode, ist der Schluss annähernd der gleiche wie bei der

Auswahl von Verkäufern, nämlich eine sehr hohe Sicherheit von 87 Prozent.*

Der P.A.T.-Test dient hier zur Auswahl von Mitarbeitern. Er lässt sich auch zur Potenzialerkennung nutzen, wenn darauf Personalentwicklungsmaßnahmen folgen.

## Die Selektion von Hochschulabsolventen

Laut einer Diplomarbeit von ECKHARDT MOHR (Kiel) zur Selektion von Hochschulbewerbern in Großunternehmen werden zusätzliche Entscheidungskriterien zur Analyse der Bewerbungsunterlagen nicht als wichtig eingeschätzt. 200 Großunternehmen haben ihre Einstellungspraxis eingeschätzt bezüglich:

|  | wichtig | ergänzend | unwichtig |
|---|---|---|---|
| Referenzen | 2,8 | 40,8 | 56,3 |
| Graphologie | 0,0 | 1,4 | 98,6 |
| Fragebogen | 4,2 | 26,8 | 69,0 |
| Biografischer Fragebogen | 7,0 | 15,5 | 77,5 |
| Bewerbungsunterlagen | 98,6 | 1,4 | 0,0 |

Quelle: Eckhardt Mohr: „Methoden und Kriterien der Personalvorauswahl in bundesdeutschen Unternehmen für die Zielgruppe Hochschulabsolventen", unveröffentlichte Diplomarbeit, Kiel 1990 in: Dietmar H. Lamparter: „Schlechte Zeiten für Kollege Zufall", in Management Wissen 11/1990, Seiten 100 ff. Anm. d. Verf.: Die Graphik ist hier richtig zitiert, die Summe ergibt jedoch nicht immer 100 Prozent

---

* Die Validität (Gültigkeit) des Greenberg PDI-Tests ist in unzähligen Studien dokumentiert und in hunderten von Zeitschriften veröffentlicht worden. Ein 14-seitiger Forschungsbericht (Harvard Business Review 9/10, 1980) enthält nicht nur eine Zusammenfassung der Ergebnisse, sondern umfasst u. a. 13.102 getestete Verkäufer, wovon 4.362 für die Arbeit als Verkäufer empfohlen und 8.740 nicht empfohlen wurden. Von den empfohlenen hatten mehr als 90 Prozent Erfolg, während die nicht empfohlenen in weniger als 4 Prozent der Fälle Erfolg verzeichnen konnten. Verkäufer wurden nur deshalb als „Versuchskaninchen" genommen, weil hier die Resultate schnell überprüfbar sind. Für die Gültigkeit des P.A.T. ist die Arbeitsplatzanalyse wichtig, aufgrund derer das Testprofil erstellt wird. Dadurch ist der P.A.T. bei nahezu allen Berufen einsetzbar.

# Referenzen

Referenzen spielen bei der Einstellung dann eine wichtige
Rolle, wenn die künftige Zusammenarbeit zwischen Einstellendem und Bewerber sehr intensiv und die Verantwortung in
der künftigen Position sehr hoch sind. Da möchte man sich
keinen Fehlgriff bei der Einstellung leisten. Ein Beispiel dafür
ist die Einstellungspraxis bei Klinikärzten (siehe Seite 38).
Daher lassen sich bezüglich der Referenzen mehrere Hypothesen aufstellen:

1. Je eher eine persönliche Bekanntschaft zwischen Bewerber
   und Einstellendem besteht, desto eher wird jemand eingestellt.
2. Sollte der Bewerber dem Einstellenden nicht bekannt sein,
   so kann eine Referenz dies ersetzen.

Wenn diese Hypothesen stimmen, so bedeutet das Einholen
von Referenzen in bestimmten Berufsgruppen eine Veränderung der Einstellungspraxis. Dann ist eine gute Referenz besser als ein gutes Zeugnis.

Referenzen einzuholen bedeutet dann erhebliche Mehrarbeit,
wenn die Referenz und der Einstellende einander nicht persönlich bekannt sind. Das gilt insbesondere dann, wenn die
Referenz und der Einstellende in sehr unterschiedlichen hier-
archischen Stufen sind. Ein Personalreferent eines Unternehmens erreicht eine sehr hoch stehende Persönlichkeit in der
Regel nicht direkt. Wenn die Referenz überhaupt erreicht
wird. Die Kommunikation läuft über Zwischenträger, wie
z. B. den persönlichen Referenten der Referenz. Über diese
Zwischenträger werden Rückfragen, Beispiele für bestimmte
Charaktereigenschaften und Verdeutlichungen der Frage
transportiert. Das bedeutet die Gefahr der Veränderung.

## Assessment Center

Assessment bedeutet Bewertung. Bewertet werden das Verhalten und die Leistungen der Personen, die an einem Assessment Center teilnehmen. Dazu erhalten die Teilnehmer Ein-
zel- und Gruppenaufgaben, die von qualifizierten und in die
besondere Situation der Beobachtung eingewiesenen Fachleuten beobachtet werden. Ein Assessment Center ist ver-
gleichbar mit einem Seminar - in dem jedoch kein Wissen ver-
mittelt wird, sondern in dem die Teilnehmer zeigen können,
welches Verhalten sie in bestimmten Verkaufs-, Konflikt- und
Führungssituationen an den Tag legen und welche Kenntnisse und Fähigkeiten sie haben. Das Ziel eines Assessment Centers für junge Führungskräfte ist, aus der Menge der Bewerber die künftigen Führungskräfte zu erkennen, die ein bestimmtes Führungs- und Kontaktverhalten, und zusätzliche
definierte Fähigkeiten (wie betriebswirtschaftliches Denken)
besitzen.

Ein sinnvoll angewandtes Assessment Center leistet die Auswahl von qualifizierten und zum Unternehmen passenden
Führungskräften. Das ist insbesondere für mittlere Unternehmen interessant, die qualifizierte Führungskräfte suchen
und sich die Fehleinstellung eines unqualifizierten Mitarbeiters am wenigsten leisten können.

Assessment Center sind kostenintensiv und erfordern viel
Manpower. Denn nicht nur das Know-how des Assessment
Centers und dessen Leiter ist zu bezahlen, sondern letztlich
auch die Arbeitszeit der Beobachter aus dem Unternehmen,
welche die Leistungen der Bewerber erfassen und bewerten.
Daher ist es wichtig, dass sowohl die optimale Zeitdauer wie
die Zielgruppe berücksichtigt wird. Bei bestimmten Ziel-
gruppen lässt sich ein gutes Assessment Center schon in einem Tag durchführen, während andere drei bis fünf Tage
benötigen.

Assessment Center sollten zielgruppenspezifisch aufgebaut werden. Unterschiedliche Branchen und unterschiedliche Ebenen benötigen auch unterschiedliches Wissen und unterschiedliche Fähigkeiten im Verhaltensbereich. Anforderungskriterien können sein: Ausprägung der Eigeninitiative, Fähigkeit zur Selbstorganisation, Ausdauer (Beharrlichkeit), Optimismus, Arbeitsmotivation, Fähigkeit, sich durchzusetzen, Überzeugungsfähigkeit, Argumentationsvermögen, aber auch Flexibilität, Kontaktfreudigkeit und Diplomatie. Bei der Einstellung einer jungen Führungskraft wird auch die Sozialkompetenz und das Branchen- und Produktwissen eine Rolle spielen.

## Die Systematik des Ablaufplans

Bei allen Assessment Centern werden eine größere Anzahl von Bewerbern von wenigen Beobachtern ausgewählt. Zum Beispiel wollen sechs Vertreter eines Unternehmens einen Bewerber einstellen. Dazu werden die 12 Bewerber in zwei gleich große Gruppen aufgeteilt. Gruppe 1 und Gruppe 2 absolvieren gleiche Inhalte, davon aber einige zeitversetzt. Damit ist auch gewährleistet, dass die Beobachter die Einzelinterviews über den persönlichen Werdegang unter vier Augen durchführen können und die restlichen Teilnehmer die Zeit dennoch sinnvoll nutzen.

Die Abschlussdiskussion ist vorgezogen und findet ohne die Beobachter statt. Das hat auch den Vorteil, dass den Beobachtern mehr Zeit für die Auswertung des Postkorbs zur Verfügung steht. Für die Teilnehmer bildet das Postkorb-Interview dann den Abschluss.

## Die Auswahl der Übungen

Unter der Vielzahl von möglichen Übungen werden die aus-
gesucht, die für die jeweilige Zielgruppe am effektivsten
sind.*

Dabei wird sichergestellt, dass mit der Übung auch wichtige
Kriterien beobachtet werden können. Zusätzlich müssen insbesondere beim eintägigen Assessment-Center die Übungen
von den Teilnehmern auch subjektiv als repräsentativ und
sinnvoll empfunden werden. Wäre das nicht der Fall, sinkt die
Akzeptanz des Auswahlverfahrens bei den Teilnehmern.

Bei der Auswahl von Führungskräften bieten Interviews und
Gruppenarbeiten eine ideale Grundlage. Interviews dienen
dazu, typische „Einzelkämpfer-Eigenschaften", Gruppenarbeiten typisches Teamverhalten und Durchsetzungsfähigkei-
ten beim Bewerber herauszufinden. In Doppelinterviews be-
fragt ein Beobachter zwei Teilnehmer zur gleichen Zeit. Hier
lässt sich beides miteinander verbinden. Zusätzlich haben
Doppelinterviews den Vorteil, dass beide Teilnehmer ins Gespräch miteinander gebracht werden können. Dadurch kann
sich der Beobachter in weiten Teilen des Interviews zurück-
ziehen und noch gezielter beobachten. Die Beobachter werden in einer Beobachterzusammenkunft vor Beginn des Assessment Centers insbesondere auf ihre Interviewaufgabe detailliert vorbereitet.

---

* Eine detaillierte Aufstellung über mögliche Übungen und die Aufstellung
  der Kategorien, in denen eine gültige Beobachtung erwartet werden
  kann, bietet auch W. JESERICH: Mitarbeiter auswählen und fördern,
  München, Hanser, 1981/1998, S. 122 ff., mit seiner Übersetzung der Zusammenstellung von TAYLOR und LIPPITT: Management development
  and training handbook, 1975, S. 77.

## Interviews oder biografischer Fragebogen?

Das Interview scheint ausschließlich subjektiv und der bio-
grafische Fragebogen ausschließlich objektiv zu sein. Dagegen hat das Interview insbesondere beim Assessment Center
seine Berechtigung. Das Interview dient hier auch dazu, Kontaktverhalten, Ausdrucks- und Argumentationstechnik,
analytisches Denken, Belastbarkeit und auch Eigen-
motivation zu erkennen. Diese Bereiche lassen sich in einem
Fragebogen nur sehr viel schwerer erfassen. Zwar können in
einem Interview Sympathie und Antipathie in der Beurteilung
stark mitwirken – bei Verkäufern und Führungskräften ist der
Akzeptanzgrad aber auch in hohem Maße von Sympathie
beeinflusst. Deshalb ist das Interview innerhalb des Assessment Centers ein zusätzlicher wichtiger Baustein, der in seinen Ergebnissen bei den interessanten Bewerbern kongruent
mit den Ergebnissen der Gruppenarbeiten, des Postkorbs und
der Doppelinterviews sein muss. Insbesondere das Einzelin-
terview wird in der Beobachterschulung detailliert besprochen, damit die biografischen Daten gründlich, systematisch
und damit auch gültig von den Beobachtern erhoben werden
können.*

### Die Auswertungsbogen der Beobachter
Vor Beginn der jeweiligen Übung erhalten die Beobachter einen standardisierten Auswertungsbogen. Bei Gruppenarbeiten füllen die Beobachter diesen Bogen während der Übung
und bei Interviews nach der Übung aus. Die fertig ausgefüll-
ten Bogen werden sofort in die Datenverarbeitung eingegeben.

---

\* Eine ähnliche Meinung vertritt auch E. LEHRENKRAUSS: Das verrufene
  Interview... und warum es doch recht erfolgreich bei der Personalauswahl ist, in: Personal, Heft 1/1986, Seiten 26-29. Auch bei ihm
  ist die Voraussetzung, dass die biografischen Daten gründlich und
  systematisch erhoben werden.

Neben dem standardisierten Bogen für die wichtigsten Übungen macht sich jeder Beobachter zusätzliche Notizen über jeden von ihm beobachteten Teilnehmer. Diese zusätzlichen, nicht standardisierten Notizen werden während der Integrationsrunde für die endgültige Entscheidungsfindung benötigt.

*Die Teilnehmer- und Beobachtersystematik*
Eine gezielte Beobachtung von mehr als zwei Personen überfordert in der Regel auch geschulte Beobachter. Außerdem ist die Gefahr zu groß, dass während des schriftlichen Festhaltens der Beobachtungen wichtige Informationen nicht erkannt werden. Daher sollten nicht mehr als zwei Teilnehmer pro Beobachter an dem Assessment Center teilnehmen. Bei einem eintägigen Assessment Center mit 12 Teilnehmern sind das 6 Beobachter. Die Teilnehmer werden in zwei Gruppen geteilt. Dabei muss verhindert werden, dass die Teilnehmer der ersten Gruppe denen der zweiten Gruppe Erfahrungen aus den Einzelinterviews mit Einsichten und Ergebnissen vor Beginn deren Gruppenarbeit der zweiten Gruppe mitteilen. Um zu gewährleisten, dass keiner der Teilnehmer mehr als einmal vom gleichen Beobachter eingeschätzt wird, wird vor Beginn des Assessment Centers eine Zuordnung durchgeführt. Wie die Zuordnung in der Tabelle auf S. 79 zeigt, ist keiner der Teilnehmer ein zweites Mal in der gleichen Gruppe und wird von einem Beobachter auch nur einmal eingeschätzt.

## Einige Problemstellungen bei AC und ihre Lösungen

*Die Qualifikation der Beobachter*
Den Beobachtern des Assessment Centers sollten nicht nur die Inhalte und erwarteten Leistungen bekannt sein, sondern auch, welches Verhalten eher und welches weniger akzeptiert wird. Notfalls werden die einzelnen Übungen und die erwarteten Lösungen detailliert durchgesprochen, insbesondere die Ziele der Beobachtung, Beobachterfehler, Bewerberpotenzial und Ausprägung von bestimmten, gewünschten Verhaltensweisen der Bewerber.

*Die Qualitätsanforderungen*
Die Gültigkeit der Beobachtungen bei Assessment Centern ist
in ausreichender Anzahl von Publikationen gewürdigt und
beleuchtet.\* Ich beschränke mich hier auf das Problem der
Gültigkeit in eintägigen Assessment Centern. Unter der Voraussetzung der

1. Beobachtungsmöglichkeit in ausreichender Anzahl von
   Verhaltenssituationen,
2. Beobachtungsmöglichkeit in unterschiedlichen Verhaltenssituationen,
3. rollierenden Beobachtung durch die Beobachter,
4. wechselnden Gruppenzusammensetzungen der Teilnehmer,
5. praxisorientierten Übungen,

dürften sich keine Abweichungen in der Qualität (Gültigkeit,
Zuverlässigkeit, Verständlichkeit, Vergleichbarkeit, Objekti-
vität, und Akzeptanz) ergeben. Da die Beobachter qualifizierte Führungskräfte aus der Praxis sind und nicht nur die
heutigen Anforderungen, sondern auch die Entwicklung in
den nächsten Jahren überblicken, ergeben sich insbesondere
bezüglich der Akzeptanz bei den Teilnehmern und bei den Beobachtern keine Probleme. Dass trotzdem der Konjunktiv besteht, liegt an den bis jetzt nicht vorliegenden Untersuchungen
über eintägige Assessment-Center.

*Die Auswertung der Daten in der DV*
Während der Gruppenarbeiten und sofort nach den Interviews halten die Beobachter ihre Eindrücke schriftlich fest. Dazu existiert pro Teilnehmer und pro Übung ein standardi-
sierter Auswertungsbogen. Dieser Auswertungsbogen kann

---

\* Zusammenfassungen bei W. Jeserich: Mitarbeiter auswählen und fördern, a.a.O.
  Zusätzlich viele Veröffentlichungen zu Detailproblematiken in den Fachzeitschriften Personal, Personalwirtschaft, Congress & Seminar, Management Zeitschrift io, Personnel Journal, Training u. a.

leicht in ein Programm eines Laptops eingelesen und schnell ausgewertet werden. Gleichzeitig wird ein vorläufiges Persönlichkeitsprofil jedes Teilnehmers erstellt. Dieses Profil kann nur vorläufig sein, da zusätzliche Eindrücke, die sich nicht standardisieren lassen, von den Beobachtern auf Extrabogen festgehalten werden. Vorläufiges Persönlichkeitsprofil und die zusätzlichen Beobachtungen ergeben dann die endgültige Persönlichkeitsausprägung jedes Teilnehmers.

*Die Rückmeldung an die Teilnehmer*
Dadurch erhalten die Teilnehmer aufgrund ihres eigenen Vergleichs mit den Kollegen ein ziemlich genaues Bild über ihre eigene Position im Bewerberfeld. Zusätzlich geben die Beobachter den Teilnehmern in Einzelgesprächen und Interviews Rückmeldungen über die von ihnen erbrachten Leistungen in bestimmten Übungen. Allerdings immer nur in der Übung, die Gegenstand des Interviews ist. Auch für Fragen stehen die Beobachter ständig zur Verfügung, so dass sich alle Teilnehmer über ihre Leistungen und ihr Verhalten schon während des Assessment Centers orientieren können und keiner im Dunkeln gelassen wird. Da die Auswertung über Datenverarbeitung stattfindet, ist die rein rechnerische Auswertung sehr schnell vorhanden. Neben der rein rechnerischen Auswertung sind die zusätzlichen, nicht quantifizierbaren Eindrücke der Beobachter noch in die Entscheidung zu integrieren. Das kann schon am späten Nachmittag des gleichen Tages in Form der Integrationsrunde stattfinden. Dann können auch die Entscheidungen über die Einstellung getroffen werden. Alternativ dazu kann die Integrationsrunde am folgenden Vormittag stattfinden.


## Das Verhalten des AC-Leiters

Im Ein-Tages-Assessment laufen einige Prozesse schneller, andere unvollkommen ab. Daher sollte der Leiter drei Punkte besonders bedenken.

## Unnötigen Stress vermeiden

Für die meisten Bewerber ist ein Assessment Center etwas Neues und Ungewohntes. Daher verhalten sie sich anders als sonst. Sie sind zusätzlich eher anfällig für negative Stressauswirkungen und Verhaltensänderungen, die durch die Kürze des AC nicht rechtzeitig erkannt werden können. Für den Leiter des Ein-Tages-Assessments ist Ruhe, Freundlichkeit und bewusst überlegtes Handeln den Teilnehmern gegenüber besonders wichtig. Andernfalls besteht die Gefahr, dass ein nicht gewünschter Bewerber ausgewählt wird.

## Klarheit und Fairness

Die Teilnehmer am Assessment Center sind in der Regel sehr interessiert daran, mehr über die Beobachter und deren Tätigkeit zu erfahren. Meist interessiert sie insbesondere, was beobachtet wird und welche Schlüsse aus den Beobachtungen gezogen werden. Wenn das Assessment Center richtig aufgebaut ist, mit gültigen Übungen und gültigen Auswertungsbogen, besteht kein Hinderungsgrund, die Teilnehmer im Rahmen bestimmter Grenzen zu informieren. Die Teilnehmer sind beruhigt, die Situation des Neuen im Assessment Center und die Bewerbungssituation ist entkrampft. Wenn auf eine Videoanlage verzichtet werden kann, so honorieren das die Teilnehmer ebenfalls. Bei dem hier vorgestellten Ein-Tages-Assessment Center für junge Führungskräfte ist eine Videoanlage nicht notwendig. Es bestünde auch keine Zeit, die Videoaufnahmen auszuwerten. Eine zusätzliche Auswertung von Videoaufnahmen ist auch dann nicht notwendig, wenn die Beobachter optimal geschult und die Beobachtungsbogen richtig aufgebaut sind und die wichtigsten Kriterien standardisiert enthalten.

## Zuordnung Teilnehmer – Gruppe – Beobachter

| Beobachter: | | A | B | C | D | E | F |
|---|---|---|---|---|---|---|---|
| Übungen: | | | | | | | |
| Gruppenarbeit zu Kunden- und Führungs- situation | Gr. 1 | 1 | 3 | 5 | 7 | 9 | 11 |
| | Gr. 2 | 2 | 4 | 6 | 8 | 10 | 12 |
| Doppelinterview zu Unternehmen, Branche und Führung | Gr. 1 | 3 | 5 | 7 | 9 | 11 | 1 |
| | Gr. 2 | 4 | 6 | 8 | 10 | 12 | 2 |
| Gruppenarbeit zur Führungs- persönlichkeit | Gr. 1 | 5 | 9 | 1 | 6 | 8 | 10 |
| | Gr. 2 | 7 | 11 | 3 | 12 | 2 | 4 |
| Einzelinterview zu Führungs- persönlichkeit und Lebenslauf | Gr. 1 | 10 | 7 | 9 | 4 | 5 | 3 |
| | Gr. 2 | 8 | 12 | 2 | 11 | 1 | 6 |
| Doppelinterview zu Postkorb und Fragen zur Verwaltung | Gr. 1 | 9 | 1 | 11 | 2 | 6 | 8 |
| | Gr. 2 | 12 | 10 | 4 | 5 | 3 | 7 |

Die obere Reihe kennzeichnet jeweils die erste, die untere Reihe jeweils die zweite Gruppe der Teilnehmer.

## *Beispiel eines Assessment Center Ablaufs:*

Die Teilnehmer werden in zwei gleich große Gruppen geteilt, damit die
Beobachter ausreichend Zeit und Möglichkeiten zur Verhaltenseinschät-
zung haben.

| Gruppe 1 | Gruppe 2 |
|---|---|
| 8.30 Begrüßung, Ziele des AC, Einführung in den Ablauf | 8.30 Begrüßung, Ziele des AC, Einführung in den Ablauf |
| 8.45 Kurzvorstellung der Teilnehmer und Beobachter | 8.45 Kurzvorstellung der Teilnehmer und Beobachter |
| 9.00 Gruppenarbeit zur Kunden- und Führungssituation: „1. Welche Möglichkeiten sollten Unternehmen und Verkäufer nutzen, um die Kunden noch intensiver zu betreuen?" „2. Welche Auswirkungen hat das auf die Führung der Mitarbeiter?" | 9.00 Kurzpause |
| | 9.10 Film oder Diaschau zu Unternehmen und Branche |
| | 9.25 Schriftliche Fragen zu Film oder Diaschau |
| | 9.55 Gruppenarbeit zur Kunden- und Führungssituation: „1. Welche Möglichkeiten sollten Unternehmen und Verkäufer nutzen, um die Kunden noch intensiver zu betreuen?" „2. Welche Auswirkungen hat das auf die Führung der Mitarbeiter?" |
| 9.45 Kurzpause | |
| 9.55 Film oder Diaschau zu Unternehmen und Branche | |
| 10.10 Schriftliche Fragen zu Film oder Diaschau | |
| 10.40 Kaffeepause | 10.40 Kaffeepause |
| 11.00 Doppelinterview zu Unternehmen, Branche und Führung | 11.00 Doppelinterview zu Unternehmen, Branche und Führung |
| 12.00 Mittagspause | 12.00 Mittagspause |
| 13.00 Einzel- und Gruppen- arbeit zur Führungs- persönlichkeit: „Welche der folgenden Behauptungen sind praxisrelevant?" | 13.00 Einzel- und Gruppen- arbeit zur Führungs- persönlichkeit: „Welche der folgenden Behauptungen sind praxisrelevant?" |
| 14.00 Einzelinterview zur Führungspersönlichkeit und dem Lebenslauf | 14.00 Einzelarbeit: Postkorb und Fragen zur Verwaltung |
| 14.45 Einzelarbeit: Postkorb und Fragen zur Verwaltung | 15.00 Einzelinterview zur Führungspersönlichkeit und dem Lebenslauf |
| 15.45 Kaffeepause | 15.45 Kaffeepause |
| 16.15 Abschlussdiskussion | 16.15 Abschlussdiskussion |
| 16.45 Doppelinterview zu Postkorb und Fragen zur Verwaltung | 16.45 Doppelinterview zu Postkorb und Fragen zur Verwaltung |
| 17.30 Ende | 17.30 Ende |

Im Anschluss an das Assessment Center findet die Auswertung der Bewerber statt. Diese Auswertung sollte auch konkrete Hinweise für den Bewerber geben, wie er die verbesserungswürdigen Bereiche innerhalb der nächsten zwei Jahre angehen kann. Wird der Mitarbeiter eingestellt, kann das innerbetrieblich geschehen. Wird der Mitarbeiter abgelehnt, können externe Möglichkeiten aufgezeigt werden.

Wenn ein Assessment Center fair durchgeführt wird, erhalten die Einstellenden sehr detaillierte Aussagen über das Verhalten der Bewerber in bestimmten, im Assessment Center gezeigten Situationen. Wenn diese Situationen möglichst nah an der Praxis des späteren Arbeitsplatzes orientiert sind, werden die Ergebnisse entsprechend realistisch das künftige Verhalten des Bewerbers zeigen. Wenn die Beobachter qualifiziert eingewiesen sind, beobachten können und die Beobachtungskriterien gut beobachtbar sind, wird sich ein qualifiziertes Bild über die Stärken und Schwächen der Bewerber ergeben.

## Bitte beantworten Sie die folgenden Fragen:

Diese Fragen sollen Ihnen Gelegenheit geben, sich über die Einstellungspraxis in Ihrem Unternehmen Gedanken zu machen. Ich empfehle Ihnen, Ihre Antworten in einem kleinen Heft zu notieren. Sicher ergeben sich aufgrund dieser Fragen Verbesserungsmöglichkeiten.

1. Mit welchen Hilfsmitteln (z. B. Tests) wird in Ihrem Unternehmen erfolgreich gearbeitet? Wie alt sind diese Hilfsmittel? Scheint es sinnvoll zu sein, die Hilfsmittel zu aktualisieren?

2. Wenn Sie Persönlichkeitstests einsetzen – wie zufrieden sind Sie mit den Ergebnissen?

3. Wie gültig sind die Ergebnisse in der Praxis? Wie groß ist Ihre Bereitschaft, die Gültigkeit zu überprüfen? (Dann merken Sie, ob die Tests tatsächlich aussagekräftig sind.)

4. Wenn Sie den P.A.T.-Test einsetzen – wie zufrieden sind Sie mit den Ergebnissen?

5. Wenn in Ihrem Unternehmen Assessment Center durchgeführt werden – wie gültig sind diese bei Ihnen?

6. Wie achten Sie darauf, dass im Assessment Center mit den Bewerbern fair umgegangen wird?

7. Wie wird das Verhalten des Leiters (Moderators) des Assessment Centers kontrolliert? Wie wird sichergestellt, dass seine Einflussnahme auf die Beobachter fair bleibt?

# 5 *Bewerber per Telefon selektieren*

Wenn ein Bewerber in seiner schriftlichen Bewerbung einen
sehr guten Eindruck macht, wird er zum persönlichen Gespräch geladen. Bei manchen Bewerbern stellt sich dort aber
heraus, dass sie ungeeignet sind. In einigen Fällen wundert
man sich sogar, warum ein Bewerber überhaupt zum Gespräch eingeladen wurde – aber die schriftlichen Unterlagen
waren ausgezeichnet. Insbesondere bei Hochschulabsolventen kann nicht immer nur aufgrund der besuchten Vorlesun-
gen, des Diplomzeugnisses oder des Themas der Diplomarbeit die tatsächliche Qualifikationen des Bewerbers für die
Praxis erkannt werden.

Wenn der Einstellende in einem Vorab-Telefonat erfahren
könnte, ob die Einladung zu einem Gespräch überhaupt sinnvoll ist, ließe sich viel Zeit und Geld einsparen. Andererseits
haben interessante Bewerber gezielte Fragen zu der angestrebten Position. Durch ein Telefonat könnte beiden gehol-
fen werden und anhand der Fragen ebenfalls eine Selektion
stattfinden. Aus diesen Gründen ist es sinnvoll, Vorab-Tele-
fonate nach einem Muster durchzuführen:

1. Gesprächsankündigung
2. Gesprächseinleitung
3. Fragen und Gespräch
4. Gesprächsschluss

Gespräche nach diesem Muster sollen dem Einstellenden Fakten liefern, ob ein in die engere Wahl genommener Bewerber
auch im Einstellungsgespräch bestehen kann.

## Die Gesprächsankündigung

Das Vorab-Telefonat sollte angekündigt werden. Sinnvollerweise fragt dazu das Sekretariat beim Bewerber an, ob und
wann er für ein kurzes Telefonat ungestört sprechen kann.
Sollte der Bewerber keine Privatnummer angegeben haben,

muss das Gespräch sehr diskret eingeleitet werden. Ziel der Gesprächsankündigung ist nicht nur die Verabredung für einen bestimmten Zeitpunkt, sondern auch das Signal an den Bewerber, dass es ein Gespräch vor dem eigentlichen Einstellungsgespräch ist.

## Die Gesprächseinleitung

Die Gesprächseinleitung besteht aus dem Vorstellen des Anrufers und dient als „Eisbrecher", um zu den eigentlichen Fragen des Einstellenden hinzulenken und ein positives Gespräch zu ermöglichen. Eine konkrete Frage an den Bewerber könnte jetzt sein: „Ich würde gern einige Punkte mit Ihnen am Telefon besprechen. Wäre das jetzt o.k.?" Die Gesprächseinleitung sollte sachlich und sehr kurz sein.

## Fragen und Gespräch

Bei einem Vorab-Telefonat ist es sinnvoll, dem Bewerber eine Reihe (vorbereiteter) Fragen zu stellen. Diese Fragen sollten die Bereiche tangieren, die für das Unternehmen besondere Bedeutung haben und die für die Selektion der Bewerber besonders wichtig sind. Das können z. B. Fragen nach:

– Fachwissen,
– Führungsfähigkeit,
– Interesse/Aufgeschlossenheit

sein. Der Bewerber wird aufgrund dieser Fragen über sich und seine Erfahrungen am Telefon Auskunft geben.

Die folgenden konkreten Fragestellungen können Anhaltspunkte sein. Die konkrete Formulierung hängt aber von der angestrebten Tätigkeit und den Erfahrungen des Bewerbers ab. Möglicherweise sind einige Fragen geringfügig abzuwandeln.

*Fragen zum Fachwissen des Bewerbers:*
„Was ist Ihre konkrete Aufgabe bei ... ?"
„Wie lautet das Thema Ihrer Dissertation?"
„Was haben Sie in Ihrer Diplomarbeit herausgefunden?"
„In welchen weiteren Bereichen kennen Sie sich sehr gut
aus?" (Interdisziplinäres Fachwissen oder z. B. die Fähigkeit
zur Vernetzung von Programmierung und Versicherungs-
wesen)
„Welche Erfahrungen haben Sie mit ... Projekten?"
„Welche Lösungen haben Sie schon zum Thema ... erarbei-
tet? Bitte sagen Sie mir Details."

*Fragen zur Führungsfähigkeit:*
„Welche konkreten Führungsaufgaben haben Sie bisher ge-
habt? Bitte beschreiben Sie."
„Wie würden Sie Ihren Führungsstil bezeichnen? Bitte be-
gründen Sie."
„Welche Projekte/neue Ideen konnten Sie bisher realisieren?"
„Wie motivieren Sie Ihre Mitarbeiter?"
„Wie lösen Sie Interessenkonflikte?"
„Wie haben Sie bisher Ihre Mitarbeiter einbezogen?"
„Welche Führungserfahrungen haben Sie?"
„Welche Entscheidungsbefugnisse hatten Sie in der Position
als ... ?"

*Fragen zu Interesse/Aufgeschlossenheit:*
„Wissen Sie, in welchen Bereichen unser Unternehmen tätig
ist?"
„Was ist der Grund dafür, dass Sie diese Ausbildung gewählt
haben?"
„Warum haben Sie sich speziell auf diese Anzeige bei uns be-
worben?"
„Was qualifiziert Sie für diese Position?"
„Warum sollten wir Sie anderen Bewerbern vorziehen?"

Diese Auswahl möglicher Fragen zu den drei Gebieten soll
darstellen, dass der Einstellende nur möglichst kurze Fragen

stellen sollte. Nur dann kann der Bewerber ausführlich antworten und Sie erfahren viel von ihm. In einigen Bereichen
darf es bei der ersten Frage nicht bleiben. Die wichtigen Informationen gibt der Bewerber in der Regel erst dann, wenn
nachgefragt wird.

Scheuen Sie sich nicht, bei bestimmten Antworten detailliert
nachzufragen. Aus den Antworten des Bewerbers auf detail-
liertes Nachfragen lässt sich nicht nur die Qualifikation des
Bewerbers erkennen, sondern auch die Fähigkeit, auf jemanden zuzugehen, und sein Kontaktverhalten am Telefon. Weiter lässt sich erkennen, wie stark seine schriftliche mit der am
Telefon ausgestrahlten Qualifikation übereinstimmen.

## Der Gesprächsabschluss

Nachdem ausreichend Informationen gegeben wurden, kann
das Telefonat mit angemessenen Worten abgeschlossen werden. Wichtig ist eine Ankündigung, wie jetzt vorgegangen
wird. Wenn der Bewerber für ein persönliches Gespräch in
Frage kommt, vereinbaren Sie einen Termin.

Das Telefonat sollte nicht länger als 15 Minuten dauern. Es
soll kein Einstellungsgespräch ersetzen, sondern nur Details
liefern. In diesen 15 Minuten brauchen Sie einen Eindruck,
ob der Bewerber seinen ausgezeichneten schriftlichen Eindruck auch mündlich bestätigen kann.

## Tipps zu Telefonaten mit Bewerbern

– Bereiten Sie sich auf das Gespräch vor. Werten Sie dazu die zur Verfügung stehenden Bewerbungsunterlagen vor dem Gespräch aus und notieren Sie sich die zu fragenden Bereiche.

– Stellen Sie gezielt die Fragen, die für Sie wichtig sind. Nur so erhalten Sie die Informationen, die Sie für die Entscheidung zur Einladung zum Gespräch brauchen.

– Notieren Sie sich sofort (noch während des Gespräches) die Antworten stichwortartig. Dadurch wissen Sie auch nach mehreren Telefonaten noch, welcher Bewerber sich wie dargestellt hat und haben eine Entscheidungshilfe.

– Bei jeder Antwort des Bewerbers sind psychologische Momente wichtig. Bewerten Sie Nebensächlichkeiten aber nicht zu hoch und psychologisieren Sie nicht.

## Bitte beantworten Sie die folgenden Fragen:

Diese Fragen sollen Ihnen Gelegenheit geben, sich über die Einstellungspraxis in Ihrem Unternehmen Gedanken zu machen. Ich empfehle Ihnen, Ihre Antworten in einem kleinen Heft zu notieren. Sicher ergeben sich aufgrund dieser Fragen Verbesserungsmöglichkeiten.

1. Welche Erfahrungen haben Sie mit Telefoninterviews? Könnten Sie sich grundsätzlich vorstellen, diese Interviews im Einstellungsprozess mehr in den Vordergrund zu rücken?

2. Erhalten Sie bei den Telefoninterviews genügend Informationen, um den Eindruck aufgrund der schriftlichen Unterlagen zu bestätigen oder zu verwerfen?

3. Wie fair gehen Sie mit den Bewerbern um und führen diese Interviews? Werden die Bewerber auch nach dem Telefonat mit Ihnen den Eindruck haben, Sie sind eine faire Firma?

4. Was könnten Sie tun, um diese telefonischen Kontakte zu optimieren und für den Einstellungsprozess noch mehr aussagekräftige Informationen zu erhalten?

5. Was müssten Sie unternehmen, damit diese Aufgabe qualifiziert von Ihren Mitarbeitern/innen durchgeführt wird?

# 6 *Die Gesprächsführung im Einstellungsgespräch*

Im Einstellungsgespräch stellen sich Unternehmen – und der Bewerber einander vor. Die Führung des Gespräches obliegt in der Regel dem Einstellenden. Er möchte Informationen über den Bewerber erhalten und dem Bewerber Informationen über die vakante Position und das Unternehmen geben. In der Regel wird aber das Erfassen der Persönlichkeit des Bewerbers im Vordergrund stehen.

Wie kann der Einstellende in möglichst kurzer Zeit einen zuverlässigen Eindruck vom Bewerber erhalten?

## Die herkömmliche Gesprächsführung

Einerseits will der Einstellende möglichst viel vom Bewerber erfahren, andererseits hat der Bewerber in der Regel auch Fragen zum Unternehmen und der Position. Deshalb hält sich in der Praxis immer noch die herkömmliche Gesprächseinteilung. Bei dieser Art der Gesprächsführung beginnt der Einstellende mit der

1. Gesprächseinleitung. Danach kommen:
2. das Unternehmen und die zu besetzende Position,
3. der berufliche und persönliche Werdegang des Bewerbers,
4. Gespräch über ein (z. B. berufspolitisches) Thema,
5. Gesprächsschluss.

Dieser Gesprächsablauf ist deshalb herkömmlich, weil er früher gern verwendet wurde – aber vor Nachteilen strotzt. Manch ein Einstellender wird aufgrund der ersten beiden Punkte sehr viel reden. Da ihm der Bewerber vermutlich nicht ins Wort fallen wird, wird nach diesen Punkten kaum mehr Zeit für ein intensives Gespräch mit dem Bewerber zur Verfügung stehen. Flugs ist die Zeit für das Einstellungsgespräch um. Der Einstellende hat nach dem Gespräch den Eindruck, dass der Bewerber grundsätzlich geeignet ist. Nachdem die ersten beiden Punkte abgehandelt sind, übergibt der Einstel-

lende das Wort an den Bewerber mit der Bemerkung: „So,
und jetzt stellen Sie sich doch bitte vor". Der Bewerber könnte eigentlich auf so eine Frage antworten: „Ja, haben Sie denn
meine Bewerbungsunterlagen nicht gelesen?" – das verbietet
aber die Höflichkeit des Bewerbers. Es ist nicht sinnvoll, sich
den Lebenslauf erneut vortragen zu lassen.

Obgleich der Einstellende kaum mit dem Bewerber gesprochen hat, wird der Eindruck erweckt, der Bewerber sei schon
o.k. Denn er hat nicht dazwischen geredet und der Einstellende konnte sich selbst darstellen. Als der Bewerber dann
von sich gesprochen hat, war auch alles bekannt aus dem Lebenslauf. Danach verabschiedet man sich. Eine Unterhaltung
kam nicht auf – es gab nur Monologe. Ein Eingehen auf den
Gesprächspartner ist bei diesen Gesprächen keinesfalls ge-
wollt und bei dieser herkömmlichen Gesprächsaufteilung
auch nur schlecht möglich. So scheint ein herkömmliches Gespräch eher eine Pflichtübung zu sein – für den Bewerber, wie
auch für den Einstellenden. Sinnvoller wäre es, dem Bewerber die Fragen zu stellen, die aufgrund des Durcharbeitens der
Bewerbungsunterlagen aufgefallen sind. Weiter sollte der Bewerber darauf abgetestet werden, wie er sich in schwierigen,
in der Praxis vorkommenden Situationen verhält und wie seine Meinung zu bestimmten Themen ist. Dann bekommt das
Gespräch auch einen Sinn. Denn bei diesem herkömmlichen
Gesprächsablauf checkt der Einstellende nur die Anpassungsbereitschaft des Bewerbers ab. Erfahren hat er vom Bewerber recht wenig.

## Der alternative Gesprächsablauf

Dieser Gesprächsablauf ist deshalb alternativ, weil er die
Nachteile des herkömmlichen Gesprächsablaufs vermeidet.
Er kombiniert Passagen der Information über den Bewerber,
offene Fragen aus den Bewerbungsunterlagen und ein allge-

meines Thema miteinander. Dieser alternative Gesprächsablauf beginnt folgendermaßen:

1. Kurze Gesprächseinleitung. Dann wird sofort übergeleitet zu:
2. Offene Fragen aus den Bewerbungsunterlagen
3. Besonderheiten aus dem beruflichen und persönlichen Werdegang des Bewerbers
4. Gespräch über ein (z. B. berufspolitisches) Thema und die Einstellung des Bewerbers dazu
5. Das Unternehmen und die zu besetzende Position
6. Gesprächsschluss.

Mit diesem alternativen Gesprächsablauf macht der Verfasser ganz erheblich bessere Erfahrungen, als mit dem herkömmlichen Ablauf. Der alternative Gesprächsablauf erzeugt ein Verhältnis von 80 : 20.

## Das Gesprächsverhältnis von 80 : 20

Im optimalen Einstellungsgespräch gibt der Bewerber dem Einstellenden viel Informationen über sich. Nur so ist später eine optimale Entscheidungsfindung für den Einstellenden möglich. Je mehr Gesprächsanteile der Einstellende im Gespräch hat, desto größer ist die Gefahr der falschen Entscheidung aufgrund von

– fehlenden Fakten und Informationen über den Bewerber,
– vermuteten, aber nicht bewiesenen Fähigkeiten oder Eigenschaften des Bewerbers,
– Eintreten des Halo-Effektes (der Einstellende schließt aufgrund von freundlichem Zuhören des Bewerbers, dass dieser auch sonst positiv, kooperativ und gut zu führen ist),
– wichtigen Vorausinformationen für den Bewerber, die der Einstellende aufgrund von zu langen Redepassagen gegeben hat.

Beim herkömmlichen Gesprächsablauf wird der Einstellende zwangsläufig viel höhere Gesprächsanteile haben als beim alternativen Gesprächsablauf.

Stellen Sie sich bei einem Einstellungsgespräch folgende Frage vor: „Frau Wagner, Sie haben schon seit einigen Jahren Führungspositionen innegehabt. Führung wird ja heutzutage immer wichtiger – ist aber auch schwerer durchzuführen. Durchgreifen kann man schon seit einiger Zeit nicht mehr, ohne dass daraufhin jemand krank wird. Also wir legen Wert auf richtige Führung der Mitarbeiter. Wie gedenken Sie denn, Ihre Führungsaufgabe bei uns wahrzunehmen?"

Bei dieser Frage hätte der letzte Satz ausgereicht. Alles andere ist schmückendes Beiwerk. Dieser Absatz kommt deshalb negativ an, weil der Bewerber herauslesen kann, welche Antwort gewünscht ist. Wenn er nur einigermaßen geschickt ist, wird er die gewünschte Antwort geben. Diese enthält die Stichworte: richtige Führung ist wichtig, aber auch schwierig, auf die Mitarbeiter eingehen, Fluktuation, Krankheitsziffer, sich dennoch durchsetzen können. Ein einigermaßen geschickter Bewerber wird die gewünschte Antwort sofort heraus hören und entsprechend reagieren. Allerdings ist es nicht Ziel des Einstellungsgespräch, die vom Einstellenden gewünschten Antworten zu geben. Ziel wäre vielmehr, die tatsächliche Meinung des Bewerbers zu erfahren.

Zusätzlich hat der Bewerber durch die Länge der Frage zusätzlich Zeit, sich seine Antwort zurechtzulegen. Folgerung für die Einstellungspraxis:

**Stellen Sie kurze, präzise Fragen!**

Dann können Sie das optimale Verhältnis der Gesprächsanteile erreichen von:

**Einstellender zu Bewerber**
**20 : 80**

Es soll auch Fälle gegeben haben, in denen der Bewerber den Spieß umdreht und den Einstellenden fragt. Der routinierte Einstellende kann aufgrund dieser Fragen die Qualifikation des Bewerbers, seine Team- und seine Kontaktfähigkeit sehr gut abchecken. Weniger routinierte Einstellende dagegen oder solche mit persönlichen Defiziten (die soll es auch im Personalbereich geben) werden einen negativen Eindruck des Bewerbers zurückbehalten. Der Verfasser empfiehlt, eine solche Reaktion auf Seiten des Bewerbers nicht zu provozieren.

## Die Einstellung vor einem Gremium

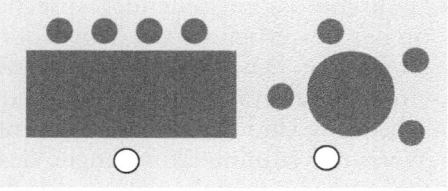

Immer noch in vielen Behörden und in wenigen Unternehmen ist es üblich, das Einstellungsgespräch von mehreren Personen zur gleichen Zeit führen zu lassen. Konkret wird das Gespräch geführt vom Personalleiter, zuständigem Abteilungsleiter und dessen Stellvertreter. Bei manchen Firmen sind weitere Personen anwesend. Bei Behörden kommt in der Regel noch der Personalrat und/oder die Frauenbeauftragte als fünfte und sechste Person hinzu. Das nebenstehende Beispiel zeigt die beiden praktizierten Sitzordnungen. Zwar sieht die Kreisanordnung fairer aus, als die Konfrontation (hier auf der linken Seite) – die Situation ist aber exakt die gleiche: Ein Bewerber sitzt für das ca. 30 Minuten dauernde Gespräch mehreren Einstellenden gegenüber. Als Gründe für das Praktizieren dieser Technik werden meist Termingründe, leichtere Praktikabilität oder Gewohnheit angegeben. Tatsächlich ist diese Methode die Beste, um die Anpassungsbereitschaft des Bewerbers herauszufinden. Andere Kriterien werden dort in der Regel nicht erfasst. Hier einige Gründe dafür:

– Der Bewerber wird als einer unter fünf Personen zwangsläufig weniger als die Hälfte der Zeit sprechen können. In
der Regel sind die Gesprächsanteile der Bewerber erheblich
niedriger als die Gesprächsanteile der Einstellenden zusam-
mengenommen. Ein Anteil von 80 : 20 kann nicht erreicht
werden.
– Die Einstellenden konzentrieren sich gemeinsam auf das Erkennen von bestimmten Verhaltensweisen. Wenn sie sich
nach dem Gespräch unterhalten, so tun sie das über die unterschiedliche Interpretation des gleichen Verhaltens des
Bewerbers. Denn der Bewerber verhält sich ja auf eine bestimmte Art und Weise. Nur die Einstellenden interpretieren das Verhalten unterschiedlich.
– Während die Einstellenden sprechen, kann nur die Reaktion der Bewerber auf die Worte der Einstellenden beobachtet werden. Das ist entweder ein zustimmendes Nicken oder
einfaches Zuhören. Informationen für die Einstellungsentscheidung sind daraus jedenfalls nicht zu erkennen.
– Wenn nur Minimaläußerungen des Bewerbers zu beobachten sind, dieser sich in der besonderen und künstlichen Situation bewusst zurückhaltend verhält, kann er nur als an-
passungsfähig eingeschätzt werden.

Mehr wird in dieser Art Einstellungsgespräche nicht erfasst.
Sinnvoll ist diese Praxis keinesfalls, denn für so wenig Informationen vom Bewerber haben die Einstellenden alle zwischen 20 und 50 Minuten investiert. Sie können sich nach
dem Gespräch allenfalls über die unterschiedliche Interpretation des von allen beobachteten Bewerberverhaltens unterhalten. Das sind äußerst dürftige Informationen. Diese Art
Einstellungsgespräche zu führen, ist also äußerst ungünstig.
Sinnvoll wäre es, diese Nachteile zu vermeiden und die Gespräche zu verteilen. Dann ist die Informationsdichte erheblich höher, weil die Einstellenden den Bewerber insgesamt 4
mal 30 Minuten kennenlernen. In Einzelgesprächen finden
auch eher Gespräche statt als die ausführliche Selbstdarstellung des Einstellenden.

## Die Einstellung im Gruppengespräch

Sollten Sie viel Azubis zur gleichen Zeit einstellen wollen, könnte sich auch das Gruppengespräch anbieten. Diese eher von Prüfungen bekannte Konstellation, bietet aber nach 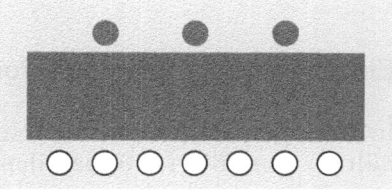 Meinung des Verfassers und im Gegensatz zu den bisher besprochenen extrem geringe Möglichkeiten der Bewerbereinschätzung. Das obenstehende Bild zeigt drei Einstellende und sieben Bewerber. Dieses System wird unterschiedlich praktiziert, von einem Einstellenden mit 10 Bewerbern bis zu 5 Einstellenden mit 3 Bewerbern und allen Zwischenformen. Hier ist die Frage, ob die wenigen Einstellenden überhaupt ein Bild von den Bewerbern erhalten können. Auch wenn das Gespräch länger als 2 Stunden dauern sollte, so kann es nur ein erstes Bild, ein Mosaiksteinchen sein und äußerst wenig gültige Eindrücke über die Bewerber bieten. Dann wäre die Frage, ob auf dieses Gespräch (das eigentlich gar kein Gespräch sein kann) nicht verzichtet werden kann und gleich ein richtiges Auswahlverfahren (wie Assessment Center) praktiziert wird.

Interessant können auch Einstellungsgespräche in Dreier-Konstellation (2 Einstellende, 1 Bewerber) sein. Diese Gespräche bieten sich dann an, wenn ein Einstellender die Technik der Gesprächsführung erlernen soll, ein Trainee sich über die Technik orientieren will oder wenn sich innerhalb eines Unternehmens die Einstellenden auf ein System justieren (und absprechen) wollen. In anderen Fällen kann in einem Gespräch in Dreier-Konstellation nie so intensiv und vertrauensvoll diskutiert werden, wie in Gesprächen mit nur zwei Personen. Sollte in mehreren Gesprächen zwischen Bewerber und Einstellendem kein Kontakt oder Antipathie entstehen, so ist die Gefahr sehr hoch, dass dieser Bewerber später im

Unternehmen umstritten sein wird. Es ist die Frage an die Einstellenden, ob dieses Risiko eingegangen werden soll.

## Einzelgespräche bringen Informationen

In Einzelgesprächen lässt sich ein Ver-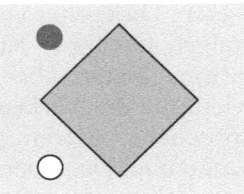
hältnis von 80 : 20 bei den Ge-
sprächsanteilen leichter erreichen. In
der Praxis beginnen die Gespräche
z. B. beim Personalleiter. Die Sitzord-
nung empfiehlt sich wie nebenstehend. Weil ein Einstellungsgespräch
für den Einstellenden Routine ist, braucht in der Regel kein
unnötiger Stress aufgebaut zu werden. Dies geschieht aber in
einer Sitzposition, in der Bewerber und Einstellender sich gegenüber sitzen. Eine Konfrontation wird vermieden, wenn
man sich über Eck miteinander unterhält. Nach Ende des Gespräches und einer 10-minütigen Pause geht der Bewerber
zum künftigen Abteilungsleiter usw., wie hier dargestellt:

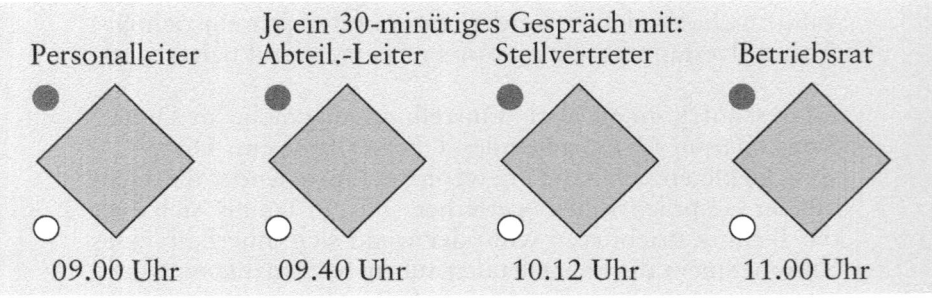

Nach diesem Muster könnte der Personalleiter um 09.40 Uhr
den nächsten Bewerber sprechen, der Abteilungsleiter um
10.20 usf. Auf diese Weise könnten auch mehrere Bewerber
innerhalb der gleichen Zeit durch die Einstellungsprozedur
geschleust werden. Die Vorteile dieses Systems lauten:

- Die Einstellenden investieren nicht mehr Zeit (jeweils nur 30 Minuten), sondern nur der Bewerber. Es muss ihm also gesagt werden, dass er sich bitte den gesamten Vormittag reserviert.
- Es entstehen unabhängige Eindrücke über den Bewerber. Bei dem anschließenden Gespräch der Einstellenden unterhält man sich also über unterschiedliche Beobachtungen anstatt über unterschiedliche Interpretation der gleichen Beobachtung.
- Die Einstellenden haben mehr Zeit für den Bewerber, aber nicht mehr Arbeitszeit investiert.
- Es entstehen mehr und vielfältigere Eindrücke (statt eines Gesprächs von 30 Minuten jetzt 4 Gespräche von insgesamt 2 Stunden Dauer).
- Die Einstellenden konzentrieren sich in Einzelgesprächen mehr auf den Bewerber als in einem Gremium, wo die Äußerung des Kollegen nicht für alle interessant ist.
- Es entsteht eine privatere, vertraulichere Atmosphäre in den Einzelgesprächen und die Fragen können kürzer formuliert werden.
- Gesprächsanteile von 80 : 20 sind möglich.

Bedingung hierbei ist, dass die Einstellenden *nicht* die gleichen Fragen stellen. Sie müssen sich grundsätzlich oder jeweils vor dem Einstellungsgespräch absprechen, wer welche Teile des Anforderungsprofils abcheckt. Zusätzlich macht dieses System nur dann Sinn, wenn ein Einschätzungsbogen verwendet wird. Dieser Einschätzungsbogen dokumentiert die Eindrücke der Einstellenden zu unterschiedlichen Kriterien entsprechend dem Anforderungsprofil der Stelle. Im anschließenden Gespräch der Einstellenden untereinander lässt sich auf diese Weise mit viel mehr Fakten und zielgerichteter diskutieren.

## Der Einschätzungsbogen

Wenn die Einstellenden sich untereinander über die zu stellenden Fragen nicht absprechen, werden mehrfach dieselben Fragen gestellt. Geschickte Bewerber werden ihre Antworten dann variieren, ungeschickte Bewerber geben immer die gleichen Antworten. Um geschickte Bewerber herauszufinden, sind Sie aber nicht nur auf diese Technik angewiesen. Vielmehr könnten Sie innerhalb Ihres Gespräches das Thema Geschicklichkeit sehr gut bearbeiten. Sie brauchen den Bewerber nur einige Aufgaben zu stellen und können seine Geschicklichkeit sofort erkennen. Dazu finden Sie im Bereich zur Interviewtechnik mehr Details. Sollten die Einstellenden dennoch mehrfach dieselben Fragen stellen, so kommt das bei den Bewerbern eher als unqualifiziert an.

Bei Kleinstunternehmen oder Selbständigen besteht nicht immer die Möglichkeit, den Bewerber weiteren Personen vorzustellen. Dennoch kann auch hier ein Einschätzungsbogen verwendet werden – gerade zum Bewusstmachen der relevanten Bereiche und der qualifizierten, vergleichbaren Einschätzung des Bewerbers.

In diesem Einschätzungsbogen wird festgehalten, wie der Einstellende den Bewerber einschätzt. Das geschieht nach bestimmten Kriterien, die idealerweise vorher festgelegt oder abgestimmt werden. Hier ein Vorschlag als Muster dieses Einschätzungsbogens:

Bewerbung als: _____

Name: _____

| Kriterien | Einschätzung ++ / -- | Bemerkungen |
|---|---|---|

**Äußerer Eindruck**

_____

_____

_____

**Kontaktfähigkeit**

_____

_____

_____

**Berufsmotivation**

_____

_____

_____

**Teamfähigkeit**

_____

_____

_____

**Ausdrucks- und Argumentationsfähigkeit**

_____

_____

_____

**Durchsetzungsvermögen**

_____

_____

_____

Zuverlässigkeit und
Verantwortungsbereitschaft

_____

_____

_____

_____

Führungsqualitäten

_____

_____

_____

Zusätzliche Bemerkungen:

_____

_____

_____

Einstellungsvorschlag:          ☐ Ja          ☐ Nein

*Musterformular 2: Einschätzungsbogen*

Dieser Einschätzungsbogen liegt jedem Einstellenden vor.
Nach dem Einstellungsgespräch füllt ihn der Einstellende aus,
indem er seine Einschätzung des Bewerbers zu den einzelnen
Kriterien notiert. Diese Einschätzung geht von „++" (ausgezeichnet) über „/" (durchschnittlich) bis zu „--" (nicht disku-
tabel). Sehr weise handeln Sie, wenn Sie gleich die Begründung daneben schreiben, warum Sie gerade diesen Bewerber
wie einschätzen. Bei mehreren Einstellenden könnten unterschiedliche Einschätzungen stattfinden. Das führt zu Diskus-
sionen, in denen in der Regel der mit den stichhaltigsten Fakten gewinnt. Schreiben Sie sich also gleich die Fakten dazu.
Das wird Ihnen übrigens immer dann helfen, wenn Sie sich
später einmal Gedanken dazu machen, warum Sie gerade diesen Bewerber wie eingeschätzt haben.

Damit Sie das Einstellungsgespräch qualifiziert führen können, hier ein Ablauf des Gesprächs in Form von Gliede-
rungspunkten.

## Der Gesprächsablauf

### Die kurze Gesprächseinleitung

Sie dient als Eisbrecher, um dem Bewerber etwas Angst vor
dem Gespräch zu nehmen, etwas Kontakt zu schaffen und ein
positives Gespräch zu ermöglichen.

Konkrete Fragen sind: „Wie war die Anreise?" oder „Haben
Sie unser Haus sofort gefunden?" oder ganz direkt: „Ich
schlage vor, dass wir uns gleich darüber unterhalten, wie gut
Sie auf die ausgeschriebene Stelle passen. Ist das für Sie o.k.?"
Da aus der Gesprächseinleitung sehr wenig Informationen
herausgefiltert werden können, sollte sie sachlich und kurz
sein. Je länger sie dauert, desto uneffektiver wird das Gespräch.

### Offene Fragen aus den Bewerbungsunterlagen

Die Durchsicht der Bewerbungsunterlagen hat Auffälligkeiten oder sogar Widersprüche ergeben. Wenn diese sofort angesprochen werden, ergeben sich sofort klare Verhältnisse.
Auffälligkeiten werden jetzt besprochen und können erklärt
werden. Widersprüche können geklärt oder bestätigt werden,
so dass hier gezielt nachgehakt werden kann. Es beginnt sich
beim Einstellenden ein Bild vom Bewerber zu formen, in wie-
weit Übereinstimmung mit dem Anforderungsprofil besteht.
Jetzt kann der erste Eindruck aus den Bewerbungsunterlagen
bestätigt oder verworfen werden. Konkrete Fragen sind in
dieser Gesprächsphase: „Was sagt diese Formulierung im
Zeugnis aus?" oder „Mir ist aufgefallen, dass Sie ein ganz an-

deres Foto von sich zu den Unterlagen gelegt haben. Sie sehen jetzt ganz anders aus. Wie kommt das?" oder „Hier ist
eine Lücke in Ihrem Lebenslauf. Was haben Sie in dieser Zeit
gemacht?" oder bei Bewerbern mit Berufserfahrung: „Was
war in dieser Position Ihre wichtigste Erfahrung?" oder „Was
war das Besondere in dieser Phase Ihres Lebens?" oder „Was
haben Sie in diesem Unternehmen gelernt?"

Wichtig ist, dass Sie dem Bewerber konkret zu beantworten-
de Fragen stellen. Auch auf die Gefahr hin, dass er erst etwas
nachdenken muss und die Antwort nicht sofort kommt. Vermeiden Sie Fragen wie: „Warum haben Sie sich bei uns beworben?" Was würden Sie als Bewerber auf so eine Frage antworten? Die richtige Antwort würde in der Phase der Bewerbung sein: „Weil ich schon seit frühester Jugend in so einem
guten Unternehmen arbeiten wollte." Diese ironische Antwort wagt aber kein Bewerber zu geben. Stattdessen wird er
entweder sagen: „Weil Ihr Unternehmen ein gutes Produkt
herstellt", „Weil es Marktführer ist" oder auch ehrlich: „Weil
ich um die Ecke wohne". Das wissen Sie aber sowieso oder
Sie könnten es in Ihrer Marketingabteilung erfahren.

Bewerber wissen in der Regel, was in den Personalabteilungen gefragt wird. Daher sind die Antworten auf diese Fragen
in aller Regel vorbereitet. Ein jetziger Abteilungsleiter in einem 700-Mann-Unternehmen hat mir anvertraut, dass in seiner Bewerbungsvorbereitung alle Fragen enthalten waren,
die während der Bewerbung gestellt wurden. Er sagte das eher
abschätzig und mit dem Unterton, dass das Bewerbungsgespräch für ihn eher uninteressant war. Die Qualität des Einstellungsgesprächs kam schlecht weg – da er den Job brauch-
te, hat er gute Miene zum unqualifizierten Spiel gemacht und
keine weitergehenden Fragen an die Einstellenden gestellt.
Aus diesem Grunde ist es auch für die Einstellenden wichtig,
nicht unbedingt nur die vom Bewerber erwarteten Fragen zu
stellen. Es gilt auch den Ruf des Unternehmens zu verteidi-
gen.

Sollten Sie in den Bewerbungsunterlagen wirklich keine Auffälligkeiten gefunden haben, können Sie die einzelnen Tätigkeiten im Lebenslauf durchgehen mit den Fragen: „Was war in dieser Position Ihre wichtigste Erfahrung?" oder „Was haben Sie bei diesem Chef gelernt?" Damit sind Sie aber bereits in der nächsten Phase des Einstellungsgesprächs.

## Besonderheiten aus dem beruflichen und persönlichen Werdegang

Hier soll der Bewerber über sich, seine Persönlichkeit und seine Erfahrungen Auskunft geben. Er begründet, warum er welche Ausbildung, evtl. Fachschule oder Uni und Fachrichtung gewählt hat, welche Erfahrungen er bei welchen Stationen gemacht hat, warum er jeweils die Stelle gewechselt hat, evtl. befördert wurde und wie er mit seinen Vorgesetzten, Kollegen, Mitarbeitern und Kunden ausgekommen ist.

Dabei hilft es kaum, wenn anhand des Anforderungsprofils nur nach den dort fixierten Fähigkeiten zu EDV-Kenntnissen, Branchen-/Berufskenntnissen, Kontaktfähigkeit, Kundenorientierung, Flexibilität, Anpassungsfähigkeit/Einordnungsfähigkeit, geistige/nervliche Belastbarkeit, Einsatzbereitschaft, Zuverlässigkeit, Hilfsbereitschaft direkt gefragt wird. Wichtig sind weitergehende Fragen (s. nächster Abschnitt, S. 109ff.).

## Das Gespräch über ein bestimmtes Thema

Während des Bewerbungsgespräches kann es auch sinnvoll sein, sich gezielt über ein Thema zu unterhalten, das aus dem beruflichen Leben, der aktuellen Presse oder dem Arbeitsalltag entnommen sein kann.

Dem routinierten Einstellenden ist das Gesprächsthema nahezu gleich – er wird immer die wichtigen Punkte beim Bewerber wie Überzeugungsfähigkeit, Kontaktfähigkeit, sein
Interesse und seine Zielstrebigkeit schnell erkennen. Oder sie
vergeblich suchen.

In diesem Gesprächsabschnitt ist es wichtig, letzte Informationen für die spätere Entscheidungsfindung (Einstellung
ja/nein) zu erhalten. Deshalb sollte dieser Abschnitt nicht
kürzer als 5 Minuten sein.

## Das Unternehmen und die zu besetzende Position

Wenn die Gespräche als Einzelgespräche geführt werden,
wird z. B. die Personalabteilung die Entlohnungsfragen und
die eher allgemeinen Fragen mit dem Bewerber ansprechen.
Der Verfasser empfiehlt keinesfalls, dieses Thema in einem
größeren Kreis anzusprechen. Denn Betriebsrat, Abteilungsleiter und dessen Stellvertreter wissen sowieso, wie die ausgeschriebene Stelle dotiert ist. Die würden sich im Gespräch
nur langweilen. In manchen Unternehmen werden Fragen
zum Unternehmen und der vakanten Position nur auf Anforderung des Bewerbers besprochen. Denn oft stehen alle wichtigen Informationen schon in der Annonce. Andererseits wirft
es auch ein spezielles Licht auf den Bewerber, wenn er von
sich aus keine weiteren Fragen zu diesem Thema hat.

Andere Unternehmen senden nach Erhalt der Bewerbung mit
dem Zwischenbescheid dem Bewerber eine Broschüre. Speziell hier ist es sinnvoll, vom Bewerber zu erfahren, ob er die
Broschüre gelesen hat oder sich anderweitig über das Unternehmen vorinformiert hat. Die Vorinformation spräche für
den Bewerber, sein Interesse und eventuell seine informellen
Kontakte. Die diesbezügliche Frage könnte sein: „Was wissen Sie bereits über unser Unternehmen?" Bestätigen Sie die
richtigen Antworten des Bewerbers. Dann können Sie zu-

sätzlich auf Geschichte, Größe, Aufgaben und Organisation des Unternehmens eingehen. Stellen Sie auch das Umfeld des Unternehmens und sonstige Besonderheiten kurz dar. Dann kommt die ausgeschriebene Position, der Aufgabenumfang, Verantwortlichkeiten, Mitarbeiter und Kollegen. Dieser Gesprächsabschnitt sollte nicht zu sehr ausgedehnt werden; optimal scheinen 5–10 Minuten.

## Der Gesprächsabschluss

Nachdem ausreichend Informationen gegeben wurden, kann das Gespräch mit angemessenen Worten abgeschlossen werden. Wichtig ist auch eine Terminvereinbarung, bis wann sich die Gesprächspartner entscheiden. Fair ist der Satz: „Jetzt konnten wir uns etwas mehr kennenlernen. Wir werden uns heute noch zusammensetzen und unsere Eindrücke besprechen. Sie werden sicher Ihre Eindrücke auch mit Ihrer Familie besprechen wollen. Ich schlage vor, dass wir uns Ende der Woche telefonisch unterhalten." In den meisten Fällen wird sich jedoch das Unternehmen entscheiden und es dem Bewerber mitteilen. Dann lautet die Formulierung z. B.: „Wir werden die Informationen über die Gespräche zusammentragen und uns in einer Woche wieder an Sie wenden. Ist das für Sie o.k.?"

Das Bewerbungsgespräch für eine normale Position muss nicht länger als 45 Minuten dauern. Voraussetzung dafür ist, dass in dieser Zeit ausreichende Informationen zur Entscheidungsfindung vom Bewerber erhalten wurden.

## Konkrete Fragen zum Werdegang

Hier folgt ein Fragenkatalog zum Werdegang, zu Erfahrungen, Leistungen und Fähigkeiten des Bewerbers. Mit Hilfe dieser Fragen erfasst der Einstellende die Persönlichkeit des

Bewerbers, die aus den Bewerbungsunterlagen noch nicht so klar hervorging. Ziel ist, mit Hilfe der Reaktion und der Antworten des Bewerbers so viel Informationen zu erhalten, dass die Entscheidung (ob der Bewerber eingestellt werden soll) begründet getroffen werden kann.

Alle Fragen dieses Kataloges sind Musterfragen. Einige sind eher auf Auszubildende, andere auf Berufsanfänger und wieder andere auf Bewerber mit Berufserfahrung zugeschnitten. In den Fragen gibt es unterschiedliche Schwierigkeitsgrade. Es kann sein, dass einige Fragen nicht auf Ihr Unternehmen oder Ihren Bewerber passen. Möglicherweise müssen Sie einige Fragen stärker auf den jeweiligen Bewerber oder auf die betreffende Tätigkeit beziehen und umformulieren.

Bitte wenden Sie in der Praxis nur eine oder zwei Fragen an. Wenden Sie niemals alle Fragen aus einem Bereich an. Die Fragen dienen nur dazu, ein Thema zu vertiefen. Weitere Fragen ergeben sich dann aus den Antworten des Bewerbers.

**Allgemeine Fragen**
- „Welches Berufsziel haben Sie? Was möchten Sie in etwa fünf Jahren erreicht haben?"
- „Was wissen Sie über unser Unternehmen?"
- „Wie schätzen Sie Ihr Verhältnis zu Ihren Lehrkräften ein?"
- „Was tun Sie (fachspezifisch) gern und weniger gern?"
- „Welche Eigenschaften eines Vorgesetzten würden Ihnen am meisten Schwierigkeiten machen?"
- Szenario: „Stellen Sie sich vor, Ihr Mitarbeiter hätte einen Fehler gemacht, den Sie nicht tolerieren können. Wie reagieren Sie?"
- Fallsituation aus dem Alltag der letzten Zeit schildern und die Frage stellen: „Wie würden Sie in dieser Situation handeln?"
- „Welche Stärken und welche Schwächen haben Sie?"
- „Warum sollten wir gerade Sie einstellen?"
- „Wieso wollen Sie bei Ihrer jetzigen Stelle und gerade jetzt aufgeben?"

- „Wie lautet Ihre Meinung zum aktuellen Thema (z. B. Autobahngebühr)?"
- „Welche beruflichen Ziele haben Sie?"
- „Bitte nennen Sie mir Ihre drei wichtigsten Aufgaben in Ihrer jetzigen Tätigkeit."
- „Welche drei wichtigsten Aufgaben können Sie sich in der ausgeschriebenen Position vorstellen?"
- „Was können Sie für unser Unternehmen tun, das niemand anders tun würde?"

**Äußeres Erscheinungsbild, generelles Auftreten:**
- „Welche Probleme tauchen für Sie auf, wenn Sie täglich in Anzug und Krawatte antreten müssten?"
- Bewerber beobachten bezüglich Wortwahl, Verhalten, Blickkontakt, Sitzposition, Stimmlage, Lautstärke, Mimik.
- „Was bedeutet Ihr Bart für Sie?"
- „Bitte sagen Sie mir, wie Sie früher ein Problem gelöst haben und welche Rolle Sie gespielt haben?"
- Im Gespräch beobachten: Kleidung dezent? Passen Schuhe zu restlichem Outfit? Wie diplomatisch verhält der Bewerber sich, wenn Sie ihm einmal widersprechen? Wie kontrolliert er sich in seinem Verhalten und seinen Aussagen?

**Belastbarkeit (auch körperlich):**
- „Wie würden Sie sich in folgender Situation verhalten?" Situation erzählen, in der mehrere Anforderungen zur gleichen Zeit gestellt werden
- Simulator-Test (z. B. Koffergewicht durch Anheben schätzen lassen)
- „Halten Sie sich für belastbar?" Beispiel bitte.
- „Wann ist Ihrer Meinung nach jemand belastbar?"
- „Waren Ihre bisherigen Chefs Ihrer Meinung nach belastbar?"

**Courage:**
- „Ihr Vorgesetzter trifft eine falsche Entscheidung – was würden Sie tun?"

- „Was halten Sie von dem Sprichwort: „Reden ist Silber –
  Schweigen ist Gold?“
- „Nehmen Sie an, dass Ihnen ein Fehler unterlaufen ist. Wie
  verhalten Sie sich?“
- „Was macht Ihrer Meinung nach Mut aus?“

**Der deutschen Sprache mächtig sein in Wort und Schrift:**
- „Wie gut sind Ihre Deutschkenntnisse?“
- Redewendungen sagen und um Interpretation bitten
- „Wie lange leben Sie schon in Deutschland?“
- Zusammenhänge abfragen wie: „Was ist der Unterschied
  zwischen ... und ... ?“
- Verständnis von Begriffen abfragen wie: „Was verstehen Sie
  unter ... ?“
- Formular ausfüllen lassen

**Dienstleistungsbereitschaft:**
- „Was verstehen Sie unter Dienstleistung?“
- „Was gehört Ihrer Meinung nach alles zur Dienstleistungs-
  bereitschaft?“
- „Wo sehen Sie Grenzen der Dienstleistung?“
- „Wie würden Sie reagieren, wenn ein Kunde zu Ihnen sagt:
  Kundenfreundlich ist Ihr Verhalten nicht ...“
- „Was würden Sie tun, wenn sich ein Kunde bei Ihnen über
  einen Mitarbeiter beschwert mit den Worten: Ihre Firma hat
  wohl noch nichts von Dienstleistungsbereitschaft gehört ... ?“
- „Sie hatten ja schon etwas Kontakt mit unserem Unterneh-
  men – wo könnte man Ihrer Meinung nach unsere Dienstleistungsbereitschaft erhöhen?“
- „Was gehört Ihrer Meinung nach dazu, dass sich unser Unternehmen im Markt dienstleistungsorientiert platziert?“

**Disziplin, Zuverlässigkeit:**
- „Warum und in welchen Positionen ist Disziplin eher
  nötig?“
- „Für wie diszipliniert halten Sie sich? Bitte begründen.“
- „Welche Hilfsmittel erwarten Sie vom Arbeitgeber für das
  Einhalten von Disziplin?“

– „Was bedeutet Zuverlässigkeit für Sie?"
– „Wie schätzen Sie Ihre Freunde ein – sind die eher zuverlässig oder weniger?"
– „Wann nervt es Sie, wenn jemand unzuverlässig ist?"

**Ehrlichkeit:**
– „Wie schätzen Sie den Punkt Ehrlichkeit ein? Wo sind Ihrer Meinung nach die Grenzen der Ehrlichkeit?"
– „Wann und wie würden Sie als Vorgesetzter einschreiten, wenn Sie in Ihrem Bereich Unregelmäßigkeiten feststellen würden, aber keinen Fall ‚in flagranti' haben?"

**Einarbeitungszeit und weitere Perspektiven:**
– „Wie sollte ein Einarbeitungsprogramm für Sie aussehen, so dass Sie möglichst schnell Insider sind?"
– „Wieviel Zeit rechnen Sie für die Einarbeitung?"
– „Welche Weiterbildungsmöglichkeiten erwarten Sie während und nach der Einarbeitungszeit?"
– „Wie sieht es mit Ihren Erwartungen zu späteren Aufstiegsmöglichkeiten aus?"

**Einsatzbereitschaft:**
– „Was denken Sie – wieviel Stunden pro Woche sollte ein Mitarbeiter bei Ihnen arbeiten?"
– „Wieviel Stunden pro Woche sollte ein Mitarbeiter in der Ebene arbeiten, für die Sie sich bewerben?"
– „Wie mobil schätzen Sie sich ein? – Wie mobil sind Sie?"
– „Welche Einsatzorte können Sie sich vorstellen, wenn wir zusammenkommen?"
– „Welche Anteile fix/variabel halten Sie für sich selbst angemessen/richtig?"

**Fachkenntnisse, fachliche Qualifikation, Leistungsbereitschaft, Motivation:**
– „Welche Aufgaben würden Sie gern haben?"
– „Welche Vollmachten und Verantwortlichkeiten erwarten Sie auf dieser Position?"

- „In welchen Bereichen haben Sie zusätzliche Fachkenntnisse?"
- „Welche Fachzeitschriften lesen Sie?"
- „Welche besonderen Kenntnisse und Fähigkeiten haben Sie in Ihrem Fachgebiet?"
- „Was wird denn aktuell in dieser Fachzeitschrift ... diskutiert?"
- „Was motiviert Sie persönlich mehr, was weniger?"
- „Woran liegt es, dass Sie Interesse gerade an diesem Beruf haben?"
- „Wenn Sie sich erneut einen Beruf aussuchen könnten, welcher wäre das?"
- „Warum würden Sie sich als ehrgeizig oder weniger ehrgeizig bezeichnen?"
- „Wie haben Sie Ihre Mitarbeiter zu notwendiger Mehrarbeit motiviert?"
- „Wann (unter welchen Bedingungen) sind Sie zu Mehrarbeit bereit?"
- „In welchen Bereichen würden Sie Ihre Stärken und Ihre Defizite sehen?"
- „Wie lange wollen Sie zur gleichen Zeit studieren und Nebentätigkeit ausführen?"
- „Was bedeutet für Sie ein sicherer Arbeitsplatz?"
- „Was sind für Sie Routinearbeiten?"

**Flexibilität:**
- „Was verstehen Sie unter Flexibilität?"
- „Wie hoch ist Ihr Interesse an Weiterbildung?"
- „Wie stehen Sie zu der im Moment viel diskutierten Privatisierung von Behörden?"
- „Wo, also in welchen Bereichen, könnten Sie sich noch einbringen und wie?"
- „Wie sollte sich unser Unternehmen im Markt flexibel platzieren?"

**Fortbildungsinteresse:**
- „Welche Fortbildungen haben Sie in der letzten Zeit wahrgenommen?"

– „Unter welcher Voraussetzung würden Sie sich außerhalb der Arbeitszeit und außerhalb des Betriebs für eine Weiterbildung interessieren?"
– „Welche Themen haben Sie in Ihrer bisherigen Weiterbildung behandelt?"
– „Bei welchen Themen sehen Sie für sich selbst langfristig Weiterbildungsbedarf?"
– „Welche Probleme sehen Sie auf sich zukommen und wie groß ist Ihre Bereitschaft, für zwei Monate eine Weiterbildung zu einem Thema wahrzunehmen? Was könnte das für ein Thema sein Ihrer Meinung nach?"

Fremdsprachen:
– „Welche Sprachen sprechen Sie wie gut, wie gewandt sind Sie darin?"
– Gespräch in Fremdsprache weiterführen
– „Wie kommt es, dass Sie diese Fremdsprache so gut sprechen?"

Freundlichkeit:
– „Was bedeutet Freundlichkeit für Sie?"
– „Wie freundlich würden Sie unser Verhalten Ihnen gegenüber einschätzen und warum?"
– „Wann fällt Ihnen freundliches Verhalten leichter, wann schwerer?"
– „Was gehört Ihrer Meinung nach dazu, dass sich unser Unternehmen im Markt optimal platziert?"

Führung:
– „Wie haben Sie Ihre Mitarbeiter bisher geführt?" – „Wie ist das deutlich geworden?"
– „Welche Ansprüche stellen Sie an die Führung von Mitarbeitern?"
– „Was schätzen Sie an Ihren jetzigen Mitarbeitern und was stört sie eher an ihnen?"
– „Welche Aufgaben sollte man als Führungskraft Ihrer Meinung nach eher delegieren und welche Aufgaben selbst erledigen?"

- „Wann sollte man als Führungskraft Ihrer Meinung nach die Mitarbeiter stärker kontrollieren, wann weniger?"
- „Wenn Sie in einer neuen Position sind – was tun Sie, um die Mitarbeiter besser zu verstehen?"

**Höflichkeit:**
- „Welches Auftreten im Umgang mit Kunden ist Ihrer Meinung nach angemessen?"
- Szenario: Bewerber jemandem vorstellen und das Verhalten beobachten.

**Kontaktverhalten:**
- „Welche Rolle spielt Ihrer Meinung nach der Augenkontakt (Blickkontakt)?"
- „Wie verhalten Sie sich in Kundengesprächen?"
- „Wie würden Sie Ihr Kontaktverhalten beschreiben?"
- „Bitte beschreiben Sie, wie Sie sich üblicherweise Ihren Kunden, Ihrem Chef, Ihren Mitarbeitern gegenüber verhalten. Wie wird das deutlich? Bitte Beispiele."
- „Wie würden Sie Neukunden ansprechen?"
- „Sind Sie Mitglied in einem Verein und welche Rolle haben Sie dort?"

**Körperliche Gebrechen, Krankheiten, Schwerbehinderung:**
- „Welche gesundheitlichen Aspekte sind bei Ihren bisherigen Tätigkeiten berücksichtigt worden?"
- „Sind Sie schwerbehindert?"
- „Welche Krankheiten haben Sie, die weder akut noch ansteckend noch für die entsprechende Position von Bedeutung sind?"
- „Wie ist Ihre Vertretung gelöst worden, wenn Sie nicht an Ihrem Arbeitsplatz waren?"
- „Bei Vertretungen gibt es ja dann und wann Probleme. Welche Probleme sind bei Ihrer Vertretung aufgetreten und wie haben Sie die gelöst?"

## Kritische Situationen erkennen und mit ihnen umgehen, Spontaneität:

- „Welche kritischen Situationen haben Sie in der letzten Zeit erlebt, wie sind Sie mit ihnen umgegangen?"
- „Wie fühlen Sie sich, wenn Sie mit Unvorhersehbarem konfrontiert werden?"
- „Was sind Sie für eine Persönlichkeit? Wie gehen Sie mit Überraschungen oder Unvorhergesehenem um?" Beispiele bitte.
- „Wie schnell können Sie sich auf neue Situationen einstellen?"

## Kundenorientierung und Einfühlungsvermögen:

- „Wann fällt es Ihnen leicht, auf andere Personen zuzugehen?"
- „Was bedeutet Kundenorientierung Ihrer Meinung nach? Welche Ansprüche stellen Sie an Kundenorientierung?"
- „Haben Sie schon Situationen erlebt oder könnten Sie sich Situationen vorstellen, in denen Kundenorientierung erst nach dem Firmeninteresse gehen sollte?"
- „Wer ist Ihrer Meinung nach unser Kunde?"
- „Was verstehen Sie unter Service und Servicebereitschaft?"
- „Wie könnte man Ihrer Meinung nach die Kundenorientierung erhöhen?"
- „Welchen Beitrag können Sie zur Kundenorientierung leisten?"

## Lernbereitschaft:

- „Wann haben Sie zuletzt auf der Schulbank gesessen?"
- „Welche Seminare haben Sie in der letzten Zeit besucht und was haben Sie dort gelernt?"
- „Was halten Sie von Seminaren und Weiterbildung insgesamt?"
- „Wieviel Seminartage pro Jahr sollten Mitarbeiter wahrnehmen?"

**Offenheit:**
- „Wie stehen Sie zur Love Parade?"
- „Wie würden Sie Ihr jetziges Verhalten zu Ihrem Vorgesetzten einschätzen? Begründen Sie bitte."

**Persönlichkeit:**
- „Von welchen Menschen (Lehrkräften, früheren Vorgesetzten) haben Sie im Laufe Ihrer beruflichen Entwicklung am meisten gelernt - und was?"
- „Wie sehen Sie Ihren weiteren persönlichen Werdegang?"
- „Als was für eine Persönlichkeit würden Sie sich bezeichnen?"
- Wie interagiert der Bewerber im Gespräch?

**Räumliches Vorstellungsvermögen:**
- „Was verstehen Sie unter räumlichem Vorstellungsvermögen?"
- „Wie schätzen Sie Ihr räumliches Vorstellungsvermögen ein? Wann und wo haben Sie es schon unter Beweis gestellt?"
- „Wenn Sie aus dieser Tür hinausgehen, dann rechts ... (Weg zum Empfang beschreiben), wo kommen Sie dann vermutlich raus?"

**Bereitschaft zu Schichtarbeit:**
- „Was gefällt Ihnen und was missfällt Ihnen, wenn Sie an Schichtarbeit denken?"
- „Wo liegt Ihrer Meinung nach die größte Belastung bei der Schichtarbeit?"
- „Wo könnte die Schmerzgrenze liegen, bis zu der Schichtarbeit akzeptiert wird?"
- „Wie stellt sich Ihre Umwelt (Familie) dazu, wenn Sie schichten?"

**Selbständigkeit:**
- „In welchen Bereichen konnten Sie bisher selbständig arbeiten und Entscheidungen treffen?"

– „Was umfasste Ihr bisheriges Arbeitsgebiet?"
– „Was würden Sie tun, wenn Ihr Vorgesetzter von Ihrer Selbständigkeit nicht so begeistert wäre?"

**Sorgfalt:**
– „Was verstehen Sie unter sorgfältiger Arbeit?"
– „Welche Tätigkeiten sollten Ihrer Meinung nach sorgfältig gearbeitet werden?"
– „Haben Ihre Mitarbeiter bisher sorgfältig genug gearbeitet?" – „Wenn nein, wie haben sie reagiert, wenn Sie Sorgfalt angemahnt haben?"

**Soziale Kompetenz:**
– „Was bedeutet soziale Kompetenz für Sie?"
– „Was umfasst soziale Kompetenz Ihrer Meinung nach?"
– „Wann (in welchen Situationen) erwarten Sie soziale Kompetenz von Ihrem Chef/Ihren Mitarbeitern?"
– „Wie gehen Sie mit Mitarbeitern um, die Rechte sehen, aber nie die Pflichten?"
– „Kennen Sie Situationen, in denen der Chef eher bremst und sich weniger für die Belange der Mitarbeiter einsetzt? Was würden Sie in solchen Situationen tun?"
– „Wo sehen Sie Grenzen in Ihrem Handeln als ... (ausgeschriebene Position)?"

**Teamfähigkeit und Zusammenarbeit:**
– „Was verstehen Sie unter Teamfähigkeit (Zusammenarbeit)?"
– „Wo haben Sie bisher in einem Team gearbeitet? Was ist Ihnen dabei aufgefallen? Was würden Sie heute diesbezüglich anders machen?"
– „Welche Tätigkeiten eignen sich Ihrer Meinung nach eher für Teamarbeit und welche eher nicht?"
– „Welche Vor- oder Nachteile sehen Sie in der Teamarbeit bei der Position, die Sie anstreben?"
– „Wenn Sie ein Team zusammenstellen müssten, worauf würden Sie achten?"

– „Wie stellen Sie sich Ihr Team vor?"
– „Was können Sie mir erzählen über die Verantwortung der Teammitglieder?"

**Kein unterwürfiges Verhalten:**
– Wie verhält der Bewerber sich bei widersprüchlichen Aussagen?
– Wie reagiert der Bewerber bei Hinweisen auf gewünschtes Verhalten?
– Wie setzt der Bewerber sich hin? Wie sitzt er? Wie bewegt er sich?
– Szenario: „Wie würden Sie sich als Vorgesetzter verhalten, wenn Ihr Mitarbeiter Ihnen nach dem Mund redet?"

**Wissen übers Unternehmen, berufliches Wissen:**
– „Welche Informationen hätten Sie gern noch über unser Unternehmen/den Arbeitsplatz?"
– „Was macht uns für Sie besonders interessant?"
– „Wie aktuell ist Ihr berufliches und branchenbezogenes Wissen?"
– „In welchen Themen haben Sie sich zuletzt weitergebildet? Was haben Sie konkret gelernt?"

**Zuhören können:**
– „Wie gut können Sie zuhören?"
– „In welchen Bereichen sollten Führungskräfte noch besser zuhören können?"
– „Wie schätzen Ihre Mitarbeiter, Kollegen und Kunden Ihre Zuhörfähigkeiten ein?"
– Wie gut kann der Bewerber zuhören, wenn Sie etwas berichten?
– Wie gut passt der Bewerber auf, wenn Sie etwas berichten? Hakt er nach?

**Zuverlässigkeit:**
– „Welche Art von Unzuverlässigkeit macht ihnen die größten Probleme?"

- „Was verstehen Sie unter Vertrauen, Zuverlässigkeit?"
- „Wo ist Ihrer Meinung nach die Grenze, wo Zuverlässigkeit in Pedanterie ausartet?"

Diese Fragen bilden den Grundstock. Wenn der Bewerber auf eine Ihrer Fragen geantwortet hat, darf das Thema damit nicht erschöpft sein. Bitte sprechen Sie hier weiter, ggf. bohren Sie nach. Scheuen Sie sich nicht, bei bestimmten Antworten detailliert nachzufragen. Beispielsweise bietet sich bei der Zusammenarbeit mit Vorgesetzten die Frage an: „Jeder hat ja mal eine andere Auffassung als sein Vorgesetzter – wie war das denn bei Ihnen?" Aus den Antworten des Bewerbers lässt sich ersehen, welche Problembereiche möglicherweise auch in der neuen Position auftreten können. Zusätzlich macht der Bewerber mit seiner Reaktion deutlich, wie denn das Verhältnis zu seinem jetzigen Vorgesetzten überhaupt war. Dazu ist es aber notwendig, nicht nur die verbale Antwort, sondern auch die nonverbalen Signale, die Körpersprache des Bewerbers mit einzubeziehen. Stellen Sie anhand dieser nonverbalen Signale fest:

- Wie angenehm/unangenehm dem Bewerber das Gespräch hierzu ist,
- ob der Bewerber normal darauf reagiert und unverfängliche Antworten gibt,
- ob der Bewerber sich bei diesem Thema mühsam unter Kontrolle behält,
- wie stark verändert seine Gestik bei diesem Thema ist,
- wie verändert sein Wortfluss im Gegensatz zu anderen Themen ist,
- wie gut der Bewerber auch bei diesem Thema Blickkontakt halten kann, und natürlich
- bei welchen Themen er anderer Auffassung als sein Vorgesetzter war.

Zu der Frage nach den früheren Berufstätigkeiten gehört
natürlich der jeweilige Verantwortungsbereich dazu. Über
sämtliche Angaben sind Sie ja durch die jeweiligen schon vorher eingereichten Zeugnisse informiert und haben sie analy-
siert. Um hier von vornherein den richtigen Eindruck beim
Bewerber zu erwecken, empfiehlt sich folgende Fragestellung:
„Sie haben uns Ihren Lebenslauf und die Zeugnisse geschickt.
Ich habe alles gelesen. Bitte sagen Sie mir, warum Sie ..." Gehen Sie sämtliche Positionen durch. Fragen Sie nach Auffälligkeiten im Schulbesuch, Ausbildung und Berufstätigkeit.
Sinnvoll ist auch die Frage: „Warum haben Sie das Unternehmen am ... gewechselt?" „Ergab sich in der anderen Position in jeder Hinsicht ein Aufstieg?" „Wie konnten Sie in dieser anderen Position mit Ihren Kollegen und Ihrem Vorgesetzten zusammenarbeiten?" „Welche Erfahrungen in der
Position ... sind für Sie besonders wichtig?"

„Warum wollen Sie Ihre jetzige Position aufgeben und zu uns
kommen?" „Was versprechen Sie sich für Ihre weitere Entwicklung (Zukunft) von unserem Unternehmen und der Position?"

Diese kleine Auswahl möglicher Fragen soll darstellen, dass
der Einstellende nur möglichst kurze Fragen stellen sollte, um
möglichst viel vom Bewerber zu erfahren. Dazu darf es bei der
ersten Frage nicht bleiben. Die wichtigen Informationen gibt
der Bewerber erst dann, wenn nachgefragt wird.

Aus seinen Antworten (insbesondere auf das Nachfragen)
lässt sich ersehen:

– wie überzeugend er argumentiert,
– wie kontaktfähig und sympathisch ...
– wie ehrgeizig und aufstiegsorientiert ...
– wie interessiert und aufgeschlossen der Bewerber ist.

Weiter lässt sich ersehen, wo die Stärken und Schwächen des Bewerbers liegen und ob er zu Ihrem Unternehmen und den Kollegen passt.

In Interviews kommt es auch darauf an, die richtigen Fragen zu stellen – entsprechend der Qualität der Bewerber. Hier eine kleine Auswahl von Fragen:

– „Welche drei Tätigkeiten in Ihrer jetzigen Tätigkeit würden Sie als besonders wichtig betrachten?"
– „Warum sind Sie prädestiniert für diese Tätigkeit bei uns?"
– „Was bringen Sie in unser Unternehmen mit ein, was jemand anders nicht mitbringen würde?"
– „Wie könnten Sie sich die Einarbeitungszeit in unser Team erleichtern?"

Ein Ziel bei diesen besonderen Fragestellungen ist es, konkrete Informationen vom Bewerber über das weitere Vorgehen zu erhalten. Gleichzeitig checken Sie Argumentations-, Kontaktfähigkeit, Verhalten bei schwierigen Fragestellungen, Schlagfertigkeit und allgemeines Verhalten ab.

Wenn Sie sich auf ein Einstellungsgespräch vorbereiten, wird ein Leitfaden für Sie hilfreich sein. Dieser Leitfaden enthält die Bereiche:

– Anforderungen an den Bewerber
– Besonderheiten der Unternehmenskultur
– Die Unternehmensziele
– Die konkrete Aufgabe

Im Einstellungsgespräch sollten diese Bereiche durch konkrete Fragen geprüft werden. Das folgende Formblatt gibt konkrete Hilfestellung:

Bewerbung als: _____  wird erfasst mit folgenden Fragen:


**Anforderungen an den Bewerber**

Ausgeprägte Persönlichkeit         „Was hat Sie bisher erfolgreich gemacht?"

Ihre 2. Frage dazu:                _____

Fachkenntnisse zu _____          „Wie beurteilen Sie Methode X?"

Ihre 2. Frage dazu:                _____


**Unternehmenskultur**

Kundenorientierung                 „Welchen Beitrag könnten Sie dazu leisten?"

Ihre 2. Frage dazu:                _____

Glaubwürdigkeit:                   _____

Ihre 2. Frage dazu:                _____


**Unternehmensziele**

Motivation:                        _____

Führung:                           _____


**Aufgabe**

Genauigkeit:                       _____

Ordnung:                           _____

*Musterformular 3: Fragen im Einstellungsgespräch*

## Tipps aus der Praxis

– Bereiten Sie sich auf das Gespräch vor. Werten Sie die zur Verfügung stehenden Bewerbungsunterlagen vor dem Gespräch aus.
– Stellen Sie so viel Fragen wie möglich. Nur so erhalten Sie die Informationen, die Sie für die Entscheidungsfindung brauchen.
– Wenn ein eher zurückhaltender Bewerber in Redeschwung kommt, lassen Sie ihn erst einmal reden. Stellen Sie dann nur solche Fragen, die den Bewerber veranlassen, deutlicher zu werden und sich exakter auszudrücken.
– Notieren Sie sich sofort nach dem Gespräch Stichworte (nur in Ausnahmefällen während des Gespräches). Dadurch wissen Sie auch nach mehreren Gesprächen noch, welche Persönlichkeit sich wie im Gespräch dargestellt hat und haben eine Entscheidungshilfe.
– Bei jeder Antwort des Bewerbers sind psychologische Momente wichtig. Bewerten Sie Nebensächlichkeiten aber nicht zu hoch. Psychologisieren Sie nicht.
– Der Einstellende führt das Gespräch (mit Fragen). Wenn Sie bisher wenig Übung in der Gesprächsführung haben, sollten Sie sich eine Gesprächsgliederung notieren.
– Versuchen Sie, den Bewerber mindestens einer weiteren Person Ihres Unternehmens schon beim ersten Gespräch vorzustellen. Tauschen Sie dann Ihre Eindrücke über den Bewerber nach den Gesprächen aus.

## Bitte beantworten Sie die folgenden Fragen:

Diese Fragen sollen Ihnen Gelegenheit geben, sich über die Einstellungspraxis in Ihrem Unternehmen Gedanken zu machen. Ich empfehle Ihnen, Ihre Antworten in einem kleinen Heft zu notieren. Sicher ergeben sich aufgrund dieser Fragen Verbesserungsmöglichkeiten.

1. Wie gut sind Sie mit der Art, wie die Einstellungsgespräche bei Ihnen geführt werden, zufrieden? Was könnten Sie ggf. hier verändern?

2. Wer führt bei Ihnen die Einstellungsgespräche? Was müssten Sie tun, um diese Personen noch stärker zu qualifizieren?

3. Notieren Sie sich aufgrund der Bewerbungsunterlagen bestimmte Fragen, damit Sie diese im Einstellungsgespräch parat haben und direkt ansprechen können?

4. Wie ist das Verhältnis zwischen den Gesprächsanteilen der Einstellenden und des Bewerbers?

5. Sind Sie mit den anderen Einstellenden abgesprochen, so dass dem Bewerber nicht von jedem die gleichen Fragen gestellt werden? Was müssten Sie für eine bessere Abstimmung tun?

6. Wie gut haben Sie ihre bisherigen Einstellungsgespräche gegliedert? Sind diese Gespräche systematisch verlaufen? Was müssen Sie für eine noch bessere Systematik tun?

7. Wie weitgehend verwenden Sie offene Fragen im Einstellungsgespräch? Was müssten Sie dafür tun, damit die Einstellenden stärker offene Fragen verwenden?

8. Welche konkrete Fragestellungen stellen Sie Ihren Bewerbern bisher? Wie könnten Sie diese verbessern?

9. Wie lange dauern die Einstellungsgespräche bei Ihnen bisher? Was müssten Sie tun, damit diese innerhalb einer 30- bis 45-minütigen Zeitspanne beendet sein könnten und gleichzeitig bessere Informationen über den Bewerber liefern?

10. Stellen Sie Ihren Bewerbern einige Fragen, mit deren Antwort Sie kaum etwas anfangen können oder die sich von selbst beantworten? Welche Fragestellungen wären besser?

11. Wie weitgehend kontrollieren Sie die Antworten der Bewerber auf Richtigkeit? Können Sie feststellen, ob die Antworten plausibel sind und auch stimmen? Was müssten Sie für einen noch höheren Anteil ehrlicher Antworten tun?

12. Wie stark lassen Sie sich von der Antwort auf Ihre erste Frage an den Bewerber beeindrucken? Was könnten Sie tun, um noch intensiver nachzufragen?

13. Wie fair handeln Sie gegenüber den Bewerbern? Möchten Sie ein Bewerbungsgespräch bei Ihnen machen? Was müssen Sie für noch mehr Fairness tun?

# Was der Bewerber
# gefragt werden darf

Gespräche mit Bewerbern werden durchweg nach bestimmten Regeln geführt. Dabei sind auch rechtliche Aspekte zu beachten. Wer diese nicht beachtet und sich dadurch unqualifiziert darstellt, hat nur Nachteile. Denn auf viele Fragen brauchen Bewerber nicht zu antworten. Sie dürfen sogar lügen, wenn die Frage nicht gestellt werden durfte. Durfte der Bewerber lügen oder kann der Arbeitgeber nicht beweisen, dass er eine bestimmte genehmigte Frage gestellt hat, kann der Arbeitgeber den Arbeitsvertrag nicht wegen Irrtums oder arglistiger Täuschung anfechten.

Wer verbotene Fragen stellt, wird vermutlich auch nicht das notwendige Vertrauen als Gesprächspartner erhalten. Einstellungsgespräche sind also nicht nur aus rechtlicher Sicht zu betrachten, sondern eine Art Public Relation für das Unternehmen und stellen schon zu diesem Zeitpunkt die Corporate Identity für den Bewerber und späteren neuen Mitarbeiter des Unternehmens dar.

Bei bestimmten Fragen im Bewerbergespräch kann die rechtlich geschützte Intimsphäre des Bewerbers verletzt werden. Das geschieht schon dann, wenn der Arbeitgeber seine Fragestellung erheblich über die Erfordernisse des zukünftigen Arbeitsplatzes hinaus ausdehnt. Diesem Problem entspricht die Literatur zur Rechtsprechung, indem sie eine „Begrenzung des Fragerechtes" festschreibt.

## Schweigen oder lügen?

Der Bewerber erwartet im Einstellungsgespräch Fragen, die seinen Lebenslauf, seine bisherige berufliche Tätigkeit, seine Fähig- und Fertigkeiten und (eingeschränkt) seine persönlichen Verhältnisse betreffen. Fragen, die darüber hinausgehen, muss der Bewerber nicht erwarten. Diesen Fragen wird er ablehnend gegenüberstehen, weil er darin seine Privat- oder Intimsphäre verletzt sehen muss.

Der Bewerber hat die Möglichkeit, auf bestimmte Fragen die Antwort zu verweigern. Verweigert er die Antwort, wird er aller Wahrscheinlichkeit nach nicht eingestellt werden. Der Einstellende wird hier vermuten, dass ihm etwas verborgen werden soll.

Stattdessen wird der Bewerber vorziehen, die Wahrheit zu verschleiern oder zu lügen. Wenn der Einstellende seine Frage dem Bewerber nicht stellen durfte, kann eine Lüge auch keine rechtlichen Auswirkungen haben. Wenn die Frage jedoch gestellt werden durfte, kann sogar der schon geschlossene Arbeitsvertrag angefochten werden. Der Grund ist in der Regel Irrtum oder arglistige Täuschung.

Bei der Anfechtung des Arbeitsvertrages gelten § 119 BGB (Anfechtungsgrund: Irrtum über eine Eigenschaft des Bewerbers) und § 123 BGB (Anfechtungsgrund: arglistige Täuschung). Die Anfechtung wegen Irrtums muss unverzüglich nach der Aufdeckung des Irrtums erfolgen. Als unverzüglich gilt ein

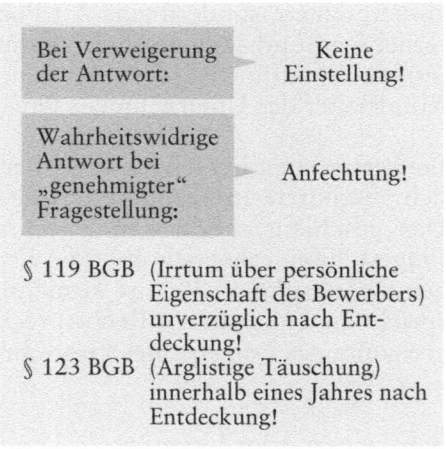

Bei Verweigerung der Antwort:        Keine Einstellung!

Wahrheitswidrige Antwort bei „genehmigter" Fragestellung:        Anfechtung!

§ 119 BGB  (Irrtum über persönliche Eigenschaft des Bewerbers) unverzüglich nach Entdeckung!

§ 123 BGB  (Arglistige Täuschung) innerhalb eines Jahres nach Entdeckung!

Zeitraum von ca. 14 Tagen. Die Anfechtung wegen arglistiger Täuschung muss innerhalb eines Jahres nach Entdeckung erfolgen. Es müssen aber ganz bestimmte, d. h. objektiv bestimmbare Maßstäbe vorliegen, die den Arbeitnehmer für den Arbeitsplatz als ungeeignet erscheinen lassen.

## Erlaubte und verbotene Fragen

Bestimmte Fragestellungen wurden von den Arbeitsgerichten als legal genehmigt, bei anderen ist sie verneint worden. Aufgrund dieser Differenzierung tut sich ein Problem der späteren Beweisführung auf. Denn bei einer Anfechtung des Arbeitsvertrages muss ja auch bewiesen werden, dass die Frage tatsächlich gestellt wurde. Diese Beweisführung ist praktisch nur mit Zeugen oder mit Hilfe eines Personalfragebogens anzutreten. Aber nicht nur aus diesem Grunde ist ein Personalfragebogen sinnvoll. Die Gesprächszeit mit dem Bewerber sollte für sinnvolle Fragen genutzt werden, welche die tatsächliche Eignung des Bewerbers für die vakante Position erkennen lassen. Daher sollten die erlaubten Fragestellungen, bei denen eine Beweisführung notwendig werden könnte, schon schriftlich im Vorfeld durch den Personalfragebogen abgeklärt werden.

*Abstammung und Herkunft*
Unter dem Begriff der Abstammung wird der blutsmäßige und volkliche Stamm (Rasse und Volkszugehörigkeit) erfasst. Die Herkunft soll ein bestimmtes Gebiet (Flüchtlinge, frühere Heimatvertriebene, Aussiedler), aber auch eine bestimmte soziale Schicht erfassen. In der Regel werden im Einstellungsgespräch Fragen dieser Art nicht mehr gestellt. Auch im Zweifel ist die Intimsphäre des Bewerbers für schutzwürdiger zu erachten, als ein fragwürdiges Interesse des Arbeitgebers. Die Frage nach Abstammung und Herkunft darf nicht gestellt werden.

*Aids-Erkrankung und HIV-Infektion*
Weil der Verlauf der Aids-Krankheit so schwerwiegend ist, dass die Arbeitsfähigkeit zumindest teilweise stark eingeschränkt ist und mit einer Heilung nicht gerechnet werden kann, ist die Frage nach der Aids-Erkrankung generell und unabhängig von der Art der Tätigkeit zulässig (detailliert hierzu: Personal Büro, Gr. 6, S. 384 und Erfurter Kommen-

tar zum Arbeitsrecht 230 BGB § 611, 373-375). Da aber
nicht jede HIV-Infektion in die Aids-Krankheit mündet, darf
die Frage nach einer HIV-Infektion nicht gestellt werden. Ein
diesbezügliches Fragerecht könnte auch nicht aus der Für-
sorgepflicht des Arbeitgebers hergeleitet werden (Erfurter
Kommentar zum Arbeitsrecht 230 BGB § 611, 374). Nach
der HIV-Infektion darf nur dann gefragt werden, wenn aufgrund der Tätigkeit ein „erhöhtes Risiko der Ansteckung von
Kollegen oder Kunden besteht wie es etwa der Fall ist bei Berufen im Gesundheitsdienst, bei Küchenpersonal oder bei Berufsgruppen, die mit der Herstellung von Lebensmitteln beschäftigt sind" (Erfurter Kommentar zum Arbeitsrecht 230
BGB § 611, 374 vgl. auch weitergehende Quellenangaben
dort). Wenn die Frage nach einer Aids-Erkrankung gestellt
wird, muss sie wahrheitsgemäß beantwortet werden.

*Alkohol-Krankheit*
Die Frage nach dem Alkoholkonsum ist problematisch. Einerseits wird gesagt, dass die Frage nur bei Relevanz für den
angestrebten Arbeitsplatz gestellt werden darf (Erfurter Kommentar zum Arbeitsrecht 230 BGB § 611, 372). Andererseits
kennt der Verfasser keinen Arbeitsplatz, für den Alkoholkonsum nicht relevant wäre. Nach einer bestehenden Alko-
holkrankheit darf gefragt werden, dagegen wird die Frage
nach einer Veranlagung zu Alkoholkonsum grundsätzlich für
unzulässig gehalten (Erfurter Kommentar zum Arbeitsrecht
230 BGB § 611, 372).

*Altersangabe in Stellenanzeigen*
Ich habe keine Information gefunden, die etwas über die Be-
schränkung einer Altersangabe in Stellenanzeigen aussagt.
Nach allgemeiner Praxis werden auch Alters-Zeiträume in
Stellenanzeigen angegeben, z. B.: „Wenn Sie zwischen 25 und
35 Jahre alt sind". Unstrittig ist, dass gesagt werden darf:
„Junger Mann/Frau". Wenn es dennoch eine Beschränkung
geben sollte, ist sie ähnlich zu verstehen, wie § 611 b BGB,

nach der der Arbeitgeber einen Arbeitsplatz nicht nur für Männer oder nur für Frauen ausschreiben soll. Es sei denn, dass ein bestimmtes Geschlecht eine unverzichtbare Voraussetzung für diesen Arbeitsplatz ist. Genau so könnte die Altersbeschränkung eine unverzichtbare Voraussetzung für den Arbeitsplatz sein. Eine andere Frage ist, ob es geschickt ist, eine Altersbegrenzung anzugeben, da sich dann kaum qualifizierte Personen melden, deren Alter außerhalb dieser Altersbegrenzung ist.

*Einstellungsuntersuchung*
Einige Fragestellungen erübrigen sich, wenn der Bewerber zu einer Einstellungsuntersuchung aufgefordert wird. Dann stellt der Arzt fest, ob der Bewerber gesundheitlich für den Arbeitsplatz geeignet und frei von ansteckenden Krankheiten ist. Grundsätzlich ist es dem Einstellenden unbenommen, die Einstellung von dem Ergebnis einer ärztlichen Untersuchung abhängig zu machen. Wenn der Einstellende eine ärztliche Untersuchung verlangt, muss der Bewerber ihr nachkommen (so auch Zeller, BB 1987, 2439ff und Personal Büro, Gruppe 6, S. 388).

Ein Aids-Test (ebenso Test auf HIV-Infektion) ist aber dadurch nicht automatisch zulässig. Bei Bewerbern für normale Tätigkeiten besteht kein Anspruch des Einstellenden, diesen Test durchführen zu lassen (vgl. auch Personal Büro, Gruppe 6, S. 388). Dieser Test darf auch nicht grundsätzlich vor der Einstellung beim Vertrauensarzt oder beim Gesundheitsamt vorgenommen werden.

Für den öffentlichen Dienst besteht eine besondere Situation. Wenn ein Bewerber vor der Einstellung einem unberechtigterweise angeordneten Aids-Test widerspricht und ihm deshalb die Anstellung versagt wird, kann er aufgrund Art. 33 Abs. 2 GG einen Einstellungsanspruch haben (detailliert hierzu Personal Büro, Gruppe 6, S. 389).

Insbesondere im Vorfeld des Ausbildungsverhältnisses, aber
auch bei Arbeitsverhältnissen werden psychologische Testverfahren praktiziert. Dabei wird (ähnlich wie bei medizini-
schen Untersuchungen) bei extern durchgeführten Tests nur
mitgeteilt, ob der Bewerber für den zu besetzenden Arbeitsplatz geeignet, weniger geeignet oder ungeeignet ist.

*Mitteilung des Untersuchungsbefundes*
Der Betriebsarzt kann aufgrund einer Untersuchung des Bewerbers dem Einstellenden mitteilen, dass der Bewerber geeignet, bedingt geeignet oder ungeeignet ist. Eine weitergehende Aufklärung des Einstellenden ist nicht vorgesehen.

*Familienstand*
Die Information über den Familienstand des Bewerbers ist aus
vielen Gründen interessant. Meist wird sie offiziell damit begründet, dass das Unternehmen die Daten zur Gehaltsbe-
rechnung benötigt. Es könnte aber sein, dass ein Unternehmen
verheiratete, geschiedene oder ledige Personen nicht einstellen
will. Dies könnte eine ungerechtfertigte Diskriminierung be-
deuten (FITTING, AUFFARTH, KAISER: § 94 Nr. 4 und BOR-
GAES: a.a.O., S. 98). Zusätzlich ist die Frage speziell für die
Einstellungsentscheidung nicht relevant, dagegen für das bestehende Arbeitsverhältnis. Deshalb sollte die Frage in diesem
Verhandlungsstadium nicht gestellt werden. Aber auch hier
gibt es ein Problem, denn wenn der Bewerber auf eine nicht
erlaubte Frage lügt, wird dessen Steuerklasse und Familienstand spätestens auf der Lohnsteuerkarte deutlich. Dennoch:
Die Frage nach dem Familienstand darf nicht gestellt werden.

*Freizeitverhalten*
Auch wenn viele Personalleiter das Freizeitverhalten des Bewerbers zum Anlass nehmen, bestimmte Einstellungskriterien
abzufragen, sind Fragen persönlicher Art nicht erlaubt (DE-
GENER, U.: Das Fragerecht des Arbeitgebers gegenüber Bewerbern, Berlin 1975, S. 137 und BORGAES, a.a.O., S. 109).
Die Frage nach dem Freizeitverhalten darf nicht gestellt werden.

*Bisheriges Gehalt*
Für den Einstellenden sind zunächst die Verhältnisse seines Betriebes und seiner Branche für die Bewertung des Arbeitsplatzes wichtig. Wenn allgemeine Entgeltgrundsätze oder tarifliche Regelungen bestehen, ist die Frage nach dem bisherigen Gehalt des Bewerbers grundsätzlich nicht zulässig (BAG Urteil v. 19.5.83 in DB Heft 5 v. 3.2.84). Ausnahmen werden nur dort gemacht, wo die Höhe des bisherigen Gehaltes Rückschlüsse zulässt auf die Qualifikation des Bewerbers. Das ist z. B. bei Verkäufern der Fall, aber auch beim Geschäftsführer. Dagegen darf sie bei „normalen" Bewerbern nicht gestellt werden. Die Frage nach dem bisherigen Gehalt darf nicht gestellt werden. Wenn sie dagegen aufgrund der Besonderheit der Position erlaubterweise gestellt wird, muss der Bewerber auch wahrheitsgemäß antworten.

*Geschlechtsdiskriminierung*
Eine Diskriminierung aufgrund des Geschlechtes bei der Einstellung von Mitarbeitern/innen ist verboten. Hier kann es Ausnahmen geben. „Eine unmittelbare Benachteiligung wegen des Geschlechts ist gemäß § 611 a Abs. 1 BGB nur zulässig, wenn die Differenzierung sich an der auszuübenden Tätigkeit orientiert und ein bestimmtes Geschlecht ‚unverzichtbare Voraussetzung' für diese Tätigkeit ist. Allein ein sachlicher Grund rechtfertigt keine geschlechtsbezogene Differenzierung" (BAG, Urteil vom 12.11.1998 – 8 AZR 365/97). So ist bei der Einstellung darauf abzuheben, ob es sich um einen Arbeitsplatz mit geschlechtsspezifischen Voraussetzungen handelt. Andernfalls wäre es eine verbotene Geschlechtsdiskriminierung (vgl. auch Der Betrieb 7/99, S. 384ff.).*

---

* Zu geschlechtsbedingter Diskriminierung auch ULRIKE WENDELING-SCHRÖDER: Der Wert des entgangenen Arbeitsplatzes in Der Betrieb 19/99, S. 1012ff. und CHRISTOPH BERGWITZ: Die neue EG-Richtlinie zur Beweislast bei geschlechtsbedingter Diskriminierung in Der Betrieb 2/99, S. 94ff.

*Gesundheitszustand*
Der Bewerber hat bei der allgemeinen Frage nach Krankheiten oder dem Gesundheitszustand keine generelle Offenbarungspflicht (HABERKORN, K.: a.a.O., S. 30f). Zulässig sind Fragen nach akuten, ansteckenden Krankheiten und nach Krankheiten, die für das einzugehende Arbeitsverhältnis von besonderer Bedeutung sind (detailliert dazu BORGAES, a.a.O., S. 101ff und HABERKORN, K.: a.a.O.). Wichtige frühere, jetzt einwandfrei ausgeheilte Krankheiten und solche, die nicht in Zusammenhang mit dem einzugehenden Arbeitsverhältnis stehen, brauchen nicht angegeben zu werden. Nach dem Gesundheitszustand oder nach Krankheiten darf so allgemein nicht gefragt werden. Unter der Voraussetzung, dass nach chronischen und ansteckenden Krankheiten und nach solchen, die für den Arbeitsplatz von Bedeutung sind gefragt wird, ist diese Frage zulässig und muss wahrheitsgemäß beantwortet werden.

Anläßlich einer Klage zu diesem Themenbereich Gesundheit/Krankheit ist ein maßgeblicher Entscheidungsgrund für die Richter, ob dem Arbeitgeber ein Schaden über das Lohnfortzahlungsgesetz hinaus entstanden ist.

*Gewerkschaftszugehörigkeit*
Die Gleichbehandlung der Arbeitnehmer nach Grundgesetz und Betriebsverfassungsgesetz geht hier vor (Art. 9 Abs 3 GG, Koalitionsfreiheit), so dass nach der Gewerkschaftszugehörigkeit nicht gefragt werden darf. Nur dann könnte der Einstellende ein berechtigtes Interesse an der Beantwortung der Frage haben, wenn ein Arbeitskampf zu erwarten oder ausgebrochen ist. Dann ist die Frage auch zulässig. Nur dann. Wenn der Arbeitgeber die Gewerkschaftsbeiträge an die Gewerkschaft abführt, hat er auch ein Interesse daran, nach der Gewerkschaftszugehörigkeit zu fragen. Da diese Information im Bewerbergespräch ihrem Sinn nach aber nicht verwendet werden muss, empfehle ich, hier auch nicht danach zu fragen. Es könnte sonst der Eindruck entstehen, dass die Gewerkschaftszugehörigkeit für die Auswahl der Bewerber von Be-

deutung sei. Die Frage nach der Gewerkschaftszugehörigkeit darf im Grundsatz nicht gestellt werden. Diese Meinung wird nur dort differenziert, wo Gewerkschaften selbst Einstellende sind (Tendenzbetriebe).

## Identität

Der Bewerber muss sich darauf gefasst machen, Fragen zur Identität (Name, Geburtsdatum, Wohnort, Staatsangehörigkeit) gestellt zu bekommen (so auch FITTING, AUFFARTH, KAISER: § 94, Nr. 4 und BORGAES: a.a.O., S. 98). Diskriminierungsverbote wegen der Staatsangehörigkeit sind nicht nur in einigen internationalen Verträgen, sondern auch im BetrVG verankert. Es gibt aber deutsche Gesetze, die eine unterschiedliche Behandlung vorsehen. Deshalb sollten Sie die Frage nach der Staatsangehörigkeit stellen. Wenn Daten der Identität gefragt werden, muss wahrheitsgemäß geantwortet werden.

## Konfession

Nach dem Grundgesetz ist niemand verpflichtet, seine religiöse Überzeugung offenzulegen – auch nicht im Einstellungsgespräch. Die Frage nach der Konfessionszugehörigkeit des Bewerbers ist in Einstellungsgesprächen vom Grundsatz her unzulässig (Art. 140 GG). Diese Meinung wird nur dort differenziert, wo Kirchenämter Einstellende sind. Die Frage nach der Konfession darf im Grundsatz nicht gestellt werden. Wird die Frage nach der Konfession berechtigterweise gestellt, muss der Bewerber wahrheitsgemäß antworten (Tendenzbetriebe).

## Lohnpfändungen

Lohn- oder Gehaltspfändungen verursachen dem Arbeitgeber zwar Kosten. Diese kann er jedoch auf den Arbeitnehmer abwälzen. Das ist auch durch entsprechende Urteile abgesichert (z. B. ArbG Berlin Urteil v. 16.7.86). Im Übrigen sind die arbeitsmäßigen und finanziellen Belastungen Teil des unternehmerischen Risiko. (Quelle: BB 1986, 1853 und MORITZ, NZA 1987, S. 329, S. 333). Eine Ausnahme besteht bei Be-

werbern für eine besondere Vertrauensstellung. Hier kann die
Frage erlaubt sein (ZELLER BB 1987, S. 1522, S. 1523). Eine
weitere Ausnahme kann bei Kleinbetrieben bestehen (BAG
4.11.1981 und DOERNER, AR-Blattei SD 60. Rn. 55. Neue
Zeitschrift für Arbeitsrecht-RR 1996, S. 207). Die Frage nach
Lohnpfändungen darf in der Regel nicht gestellt werden.

## Öffentliche Ämter

Ehrenämter und öffentliche Ämter können viel Zeit beanspruchen – auch Arbeitszeit. Andererseits könnte der Einstellende ein Interesse daran haben, dass der Bewerber z. B.
Schöffe ist. Aus diesen Gründen wird ein Recht des Arbeitgebers anerkannt, nach Ehrenämtern, die zur Zeit bekleidet
werden, zu fragen. Wird die Frage nach zur Zeit bekleideten
Ehrenämtern oder öffentlichen Ämtern gestellt, muss der Bewerber wahrheitsgemäß antworten.

## Parteizugehörigkeit

Im Interesse der Gleichbehandlung der Bewerber kann die
Frage nach der parteipolitischen Einstellung oder Betätigung
nicht zulässig sein (Art. 3 Abs. 3 GG). Auch wenn z. B.
während des Wahlkampfes die parteipolitische Betätigung
viel Zeit beanspruchen kann – das geht den Einstellenden im
Stadium der Bewerberauswahl nichts an. In der Regel aber
darf die Frage zur Parteizugehörigkeit des Bewerbers nicht gestellt werden. Diese Meinung wird nur dort differenziert, wo
eine Partei selbst Einstellender ist (Tendenzbetriebe).

## Schwangerschaft

Aufgrund § 611a BGB wird eine Gleichbehandlung von
Mann und Frau am Arbeitsplatz festgeschrieben. Ein Bewerber darf nicht wegen seines Geschlechtes benachteiligt
werden. So haben zuerst das Arbeitsgericht Frankfurt und das
Landgericht Frankfurt das Fragerecht verneint (ArbG Frankfurt Urteil v. 5.8.82 und LAG Frankfurt Urteil v. 8.2.85). Das
ist zwischenzeitlich herrschende Meinung (detailliert dazu
auch BORGAES, H.-U.: Der Informationsschutz des Ar-
beitsplatzbewerbers, 1985, S. 103ff, HABERKORN, K.: Ar-

beitsrecht, 1990, S. 31ff und das Urteil des BAG v. 20.2.86)
und auch das BAG hat sich dieser Meinung angeschlossen
(BAG v. 20.2.86). Der Einstellende ist demzufolge auch nicht
berechtigt zu fragen, ob eine Schwangerschaft demnächst zu
erwarten sei (BORGAES, a.a.O., S. 105). In letzter Zeit wurde
zu dieser Frage die Meinung vertreten, dass, wenn sich ausschließlich Frauen bewerben, nach der Schwangerschaft gefragt werden dürfe. Tatsächlich ist die Frage nach einer
Schwangerschaft aber auch dann unzulässig, wenn ausschließlich Bewerbungen von Frauen vorliegen (hier eine
kaufm. Ang. LAG Düsseldorf, Urteil vom 1.4.92-4 Sa
157/92, Der Betrieb 23/92, S. 1194). Die Frage nach dem Bestehen einer Schwangerschaft darf nicht gestellt werden.

*Schwerbehinderung*
Allgemein anerkannt ist die Berechtigung der Frage nach der
Schwerbehinderteneigenschaft (BAG Urteile v. 7.6.84, v.
1.8.85 und v. 03.12.98). Eine Argumentation dergestalt, dass
eine Schwerbehinderung nur dann erfragt werden dürfe,
wenn diese eine Auswirkung auf den zukünftigen Arbeitsplatz hätte, wird nicht greifen. Das Interesse des Arbeitgebers
hinsichtlich der Meldepflicht nach dem Schwerbehin-
dertengesetz, der Mindestzahl von Schwerbehinderten und
der Ausgleichsabgabe geht hier vor (BAG Urteil v. 05.10.95
– 2 AZR 923/94 in Neue Zeitschrift für Arbeitsrecht 7/96 S.
371ff.). Wenn nach der Schwerbehinderung gefragt wird,
sind ihre Art und ihr Umfang wahrheitsgemäß anzugeben.

*Stasi-Mitarbeit*
Nach einer Mitarbeit für das Ministerium für Staatssicherheit
der ehemaligen DDR (MfS) darf der Arbeitgeber nicht
grundsätzlich fragen. Kurz nach der Wiedervereinigung und
bei Übergang der Arbeitsverhältnisse war die Frage gestattet
(auch Rechtsprechung des BVerfG). Heute muss ein berechtigtes Interesse an der ehrlichen Beantwortung vorliegen. Das
ist der Fall, wenn ein dienstliches Zusammentreffen mit einer
früher bespitzelten Person möglich wäre wie z. B. als Auf-
sichtsbeamter. (Neue Zeitschrift für Arbeitsrecht BAG Urteil

v. 28.05.98 – 2 AZR 549/97, in Heft 19/98, S 1052ff. Zur Problematik des Verschweigens einer Tätigkeit für das MfS bei der Einstellung vgl. auch BAG, Neue Zeitschrift für Arbeitsrecht-RR 1996, S. 207). Bei einer lange zurückliegende MfS-Tätigkeit besteht kein Fragerecht mehr, da sich persönliche Haltungen im Laufe der Zeit verändern (so auch ebenda, S. 1053f.). Die Frage nach der Stasi-Mitarbeit nur dann gestellt werden, wenn ein berechtigtes, billigenswertes und schutzwürdiges Interesse an der wahrheitsgemäßen Beantwortung vorliegt. Das ist bei den meisten Unternehmen nicht der Fall.

*Pseudoreligiöse Randgruppen*
Sicher ist, dass niemand wegen seiner Religion benachteiligt werden darf. Daher darf auch nicht danach gefragt werden. Es gibt aber pseudoreligiöse Gruppen, denen es tatsächlich um andere als religiöse Fragen geht. Zumindest bei der Besetzung einer Vertrauensstellung wird ein Interesse des Arbeitgebers bejaht (s. BAUER/BAECK, DB 1997, 2524). Hier hilft allerdings die direkte Frage nicht, ob der Bewerber z. B. ein Mitglied dieser Vereinigung ist. Denn in den wenigsten Fällen ist eine echte Mitgliedschaft gegeben. Das hat zur Folge, dass ein solcher Bewerber die Frage wahrheitsgemäß verneinen kann. Besser ist es, den Bewerber zu fragen, ob er z. B. „nach den Lehren von Ron Hubbard" verfährt. Richtigerweise sollte also gefragt werden, ob der Bewerber nach dieser Lehre lebt, handelt bzw. ihr nahe steht. Diese Frage sollte keinesfalls im Einstellungsgespräch gestellt werden, weil u. a. hier keine Beweiskraft vorhanden ist. Diese Frage gehört – wie andere weiter oben auch – in den Personalbogen.

*Vermögensverhältnisse*
Auch ein verschuldeter Bewerber hat ein Interesse daran, seine Schulden nicht zu hoch erscheinen zu lassen, um nicht im Einstellungsgespräch abgewiesen zu werden. Daher darf die Frage nach den Vermögensverhältnissen, ebenso wie nach Verbindlichkeiten, bei Bewerbern für untere und mittlere Positionen nicht gestellt werden. Eine Ausnahme besteht dann, wenn auf der vakanten Position mit erheblichen Geldbeträgen

umgegangen werden muss oder die Gefahr der Bestechung besteht. Also dann, wenn die Vermögensverhältnisse für die vakante Stelle wegen deren Aufgaben, Kompetenzen und Verantwortung relevant sind (HABERKORN, a.a.O., S. 34 und FITTING, AUFFARTH, KAISER: § 94 Rd Nr. 4 und BORGAES, a.a.O., S. 98 und Personal Büro, Gruppe 2/142). Mit Geldumgang sind übrigens erhebliche Geldbeträge gemeint und nicht nur die Kaffeekasse. Die Frage nach den Vermögensverhältnissen darf nicht gestellt werden. Wenn sie dagegen aufgrund der Besonderheit der Position erlaubterweise gestellt wird, muss der Bewerber auch wahrheitsgemäß antworten.

*Verwandte in Konkurrenzunternehmen*
Unstrittig ist, dass es eine unterschiedliche Auskunftspflicht von Bewerbern und Mitarbeitern gibt. Ein Bewerber hat eine größere schutzwürdige Intimsphäre als der angestellte Mitarbeiter. Daher könnte man folgern, dass ein Bewerber nicht nach der Tätigkeit des Ehegatten gefragt werden darf – bzw. der Bewerber nicht das Konkurrenzunternehmen nennen muss, bei dem sein Ehegatte arbeitet. Andererseits ist der Bewerber verpflichtet, die Fragen des Arbeitgebers wahrheitsgemäß zu beantworten, an denen der Arbeitgeber ein begründetes Interesse hat. Bei bestimmten Firmen (insbesondere in deren Entwicklungsbereich) besteht ein begründetes Interesse an dieser Frage. Das heißt aber nicht, dass bei jeder Firma und für jeden Arbeitsplatz diese Frage gestellt werden darf. Im Zweifel muss dem Richter das begründete Interesse des Einstellenden nachgewiesen werden. Für den Mitarbeiter bestehen engere Grenzen und der Grundsatz einer strafrechtlichen und arbeitsrechtlichen Verschwiegenheitspflicht während der Dauer des Arbeitsverhältnisses, die beim Bewerber nicht besteht. Daher kann es sinnvoll sein, den neuen Mitarbeiter in den ersten Tagen diese Frage erneut und detaillierter zu stellen. Hier muss er ehrlich antworten.

*Vorstrafen*
Das BAG schränkt das Fragerecht ein auf solche Fragen, die für den betreffenden Arbeitsplatz als einschlägig betrachtet

werden können (LINNENKOHL, K: Arbeitsverhältnis und Vor-
strafenfragen, in: Arbeit und Recht, 1983, S. 129ff und BAG
Urteil v. 8.9.88). Einschlägig sind beim Verkaufsfahrer z. B.
Vorstrafen wegen Verkehrsdelikten, Betruges oder Unter-
schlagung. Letzteres aber auch nur dann, wenn der Verkaufsfahrer in seiner Position erhebliche Verantwortung
trägt. Nur die Vorstrafen müssen angegeben werden, die weder verjährt noch getilgt sind.

Dem Arbeitgeber ein Fragerecht darüber hinaus zuzugeste-
hen, wäre ein Eindringen in schutzwürdige Belange des Bewerbers. Dabei ist die Auslegung des Arbeitgebers unwichtig.
Es kommt auf die nach objektiver Betrachtung für den Arbeitsplatz relevante Vorstrafe an.

Ein besonderes Problem besteht dann, wenn Freiheitsstrafen
unter besonderen Bedingungen (z. B. Verjährung) nicht mehr
angegeben werden müssen. Dann steht eine Fehlzeit im
Lebenslauf, so dass der lückenlose Beschäftigungsnachweis
nicht gegeben werden kann. Die Strafe muss nicht angegeben
werden, kann aber einem aufmerksamem Beobachter nicht
entgehen.

Die Frage nach laufenden Ermittlungsverfahren kann je nach
Umständen zulässig sein. So hat das BAG bei der Einstellung
in den Polizeivollzugsdienst diese Frage gestattet (BAG Urteil
v. 20.02.99 – 2 AZR 320/98 in Der Betrieb 36/99, S. 1859f.)
Diese Tatsache sollte Sie aber nicht zur Meinung verleiten, die
Frage bei der Einstellung zu stellen. Diese Entscheidung gilt
nur für Einstellung von besonders herausgehobenen Positionen wie die in den Polizeivollzugsdienst.

Nach den Vorstrafen dürfen Sie den Bewerber so allgemein
also nicht fragen. Unter der Voraussetzung, dass nach ein-
schlägigen, nicht verjährten oder getilgten Vorstrafen gefragt
wird, die für die betreffende Position von Bedeutung ist, ist
die Frage zulässig und muss wahrheitsgemäß beantwortet
werden.

*Wehrdienst*
Unstrittig ist, dass der Einstellende ein berechtigtes Interesse an bevorstehenden Wehr- oder Zivildienstzeiten hat (BORGAES, a.a.O., S. 99 und dort angeführte weitere Literatur). Wichtig ist dabei die auf die Zukunft ausgerichtete Frage, denn wo der Wehrdienst abgeleistet wird, spielt für die Einstellung i.d.R. keine Rolle. Bei der Frage nach dem Wehrdienst spielt aber auch das Alter eine Rolle. Hier wird die Meinung vertreten, dass Bewerber über 28 Jahren wegen eines Ausschlusses der Einberufung nicht gefragt werden dürfen (BORGAES, a.a.O., S. 99). Wird die Frage nach bevorstehendem Wehr- oder Zivildienst oder nach einem Einberufungsbescheid gestellt, muss der Bewerber wahrheitsgemäß antworten.

Alle Bestimmungen zum Fragerecht gelten grundsätzlich für alle Betriebe. Davon sind nur Tendenzbetriebe ausgenommen (im Sinne von § 118 BetrVG). Das sind solche Betriebe ausgenommen, die überwiegend und unmittelbar geistig-ideelle Vorstellungen realisieren. Dazu gehören z. B. Gewerkschaften und Arbeitgebervereinigungen, Geschäftsstellen von politischen Parteien, Privatschulen, konfessionell gebundene Schulen und Kindergärten, kirchliche Einrichtungen (so auch Personal Büro, Gruppe 2/340). Für Tendenzbetriebe gelten die Einschränkungen des Fragerechtes in der beschriebenen Form nicht.

## Die Aufklärungspflicht des Bewerbers

Der Bewerber hat gegenüber dem Arbeitgeber eine Aufklärungspflicht (Anzeige-, Hinweis- und Offenbarungspflicht nach § 242 BGB). Sie besteht darin, dass der Arbeitgeber nach den im Verkehr herrschenden Anschauungen redlicherweise eine Aufklärung verlangen darf. Das ist beispielsweise bei den Fragen nach den Vorstrafen der Fall, die für die betreffende Tätigkeit relevant sind. In anderen Bereichen ist die Schutzwürdigkeit der Person ebenso hoch zu bewerten. Eine Grenze ist dort zu sehen, wo sich durch Fragen ein Eindringen ohne sachbezogenen Grund (d. h. für den Arbeitsplatz und die Ausführung der Arbeit ohne Bedeutung) in den durch die Verfassung geschützten Intimbereich des Bewerbers ergibt. Nicht nur von diesem Standpunkt aus lässt sich das Fragerecht des Arbeitgebers bei Einstellungen begrenzen. Jeder Einstellende sollte bedenken:

## Lügen auf verbotenerweise gestellte Fragen haben keine Auswirkungen!

| Sie dürfen nicht fragen: | Sie dürfen fragen: |
|---|---|
| Vorstrafen | Vorstrafen, die weder verjährt, getilgt und für die betreffende Position von Bedeutung sind |
| Schwangerschaft nur dann ... ⇨ | ... wenn der Beruf zu den gefährdeten Berufen gehört |
| Allgemeiner Gesundheitszustand Krankheiten | Krankheiten, die chronisch, ansteckend und für die betreffende Position von Bedeutung sind |
| HIV-Virus | Aids-Erkrankung |
| Gewerkschaftszugehörigkeit nur dann... ⇨ | ... wenn Sie eine Gewerkschaft sind |
| Parteizugehörigkeit nur dann... ⇨ | ... wenn Sie eine Partei sind |
| Konfession nur dann... ⇨ | ... wenn Sie eine Kirche sind |
| Bisheriges Gehalt nur dann... ⇨ | ... wenn die Qualifikation für die betreffende Position aufgrund des Gehaltes erkennbar ist |
| Vermögensverhältnisse Lohnpfändungen Abstammung und Herkunft | |
| | Schwerbehinderteneigenschaft Einstellungsuntersuchung Öffentliche und Ehrenämter Einberufungsbescheid zur Bundeswehr |
| Stasi - IM | Identität und Staatsangehörigkeit |

Auch nach der Einstellung ist der Arbeitnehmer verpflichtet, Fragen des Arbeitgebers zu seiner Vor- und Ausbildung zu beantworten. Beispielsweise könnten früher abgegebene Erklärungen und danach erfolgte Ergänzungen nicht mehr vollständig vorhanden sein (hierzu auch das BAG Urteil 07.09.95 – 8 AZR 828/93 in Neue Zeitschrift für Arbeitsrecht Heft 12/96, S. 637ff.).

## Der Personalfragebogen

Sollte es nach Einstellung des Bewerbers einmal zum Streit kommen, so ist die Beweiskraft unterschriebener Erklärungen unzweifelhaft größer als die mündlicher Erklärungen oder vager Erinnerungen. Zusätzlich sollten Sie sich die Situation im Streitfall vergegenwärtigen, wenn Sie dem Gericht deutlich machen, dass Sie bei jedem Bewerber eine entsprechende Frage stellen oder bestimmte Erläuterungen geben. Dann könnte der Richter Sie fragen: „Könnte es theoretisch sein, dass Sie das einmal vergessen haben?" Wenn Sie ehrlich sind, müssen Sie hier mit „Ja" antworten. Sollten Sie auf den Gedanken kommen zu lügen, wird Ihnen kein Richter die Antwort glauben. Damit wäre alle Mühe vergeblich gewesen und Ihr Unternehmen hätte den Prozess verloren. Sie müssen sich hier bitte vorher rechtlich absichern.

Um sich rechtlich abzusichern, sollten Sie dem Bewerber einen Personalfragebogen mit den für Sie wichtigen Fragen vorlegen, den der Bewerber dann auch unterschreibt. In diesem Zusammenhang sind wichtig:

– verschwiegene Vorstrafen, die für die Position von Bedeutung sind,
– chronische oder ansteckende Krankheiten oder solche, die für das Arbeitsverhältnis von Bedeutung sind,
– Schwerbehinderung.

Je nach der Art der Arbeit können weitere Angaben im Personalfragebogen sehr wichtig sein, damit ein Arbeitsvertrag wegen Irrtums (§ 119 BGB) oder arglistiger Täuschung (§ 123 BGB) überhaupt angefochten werden kann. Dazu ist es notwendig, den Personalfragebogen mit dem Arbeitsvertrag zu verbinden. Das geschieht in der Regel durch Formulierungen im Arbeitsvertrag wie:

> Der Personalfragebogen ist wesentlicher Bestandteil
> dieses Arbeitsvertrages. Unrichtige Angaben
> berechtigen zur Anfechtung oder fristlosen Kündigung
> des Arbeitsvertrages.

Nur diese feste Verknüpfung zwischen Arbeitsvertrag und Personalfragebogen ermöglicht die Anfechtung des Arbeitsvertrages.

Der Fragebogen kann dem Bewerber vor dem Einstellungsgespräch zugesandt oder mit ihm zusammen während des Gespräches ausgefüllt werden.

Auf der folgenden Seite finden Sie ein Muster. Wenn Sie bisher keinen Personalfragebogen einsetzen, dürfen Sie sich dieses Muster kopieren, das ist ein Service für Sie.

# Personalfragebogen

Bewerbung als: _____

Name:_____ Geburtsname:_____ Vornamen: _____

Straße, PLZ und Wohnort: _____

Telefon:_____ Geboren am:_____ in: _____

Staatsangehörigkeit:_____ Aufenthaltsgenehmigung: ____

Name des Ehepartners:_____ beschäftigt bei: _____

Eigener Schulabschluss_____ im Jahr: _____

Erlernter Beruf: _____

Tätigkeit als:_____ von/bis _____ bei Firma:_____

_____

_____

_____

Sonstige Ausbildungen/Prüfungen: _____

_____

Fremdsprachen: _____

Führerschein seit:_____ Klasse:____ Besteht eine Schwerbehinderung? ____%

Haben Sie chronische oder ansteckende Krankheiten?_____
Haben Sie sonstige Krankheiten, welche die Ausübung
der vorgesehenen Tätigkeit beeinträchtigen könnten? _____
Haben Sie nicht verjährte oder getilgte Vorstrafen, oder welche,
die für die vorgesehene Tätigkeit von Bedeutung sein könnten? _____

Die vorstehenden Angaben sind vollständig. Sie entsprechen der Wahrheit. Ich weiß, dass der Vertrag bei wissentlich falschen Angaben oder bei Verschweigen wesentlicher Tatsachen wegen arglistiger Täuschung (§123 BGB) angefochten werden kann.

Anlage: Zeugniskopien

_____
(Ort)         (Datum)              (Unterschrift)

Vereinbarungen während der Vorstellung: _____

*Musterformular 4: Personalfragebogen*

## Bitte beantworten Sie die folgenden Fragen:

Diese Fragen sollen Ihnen Gelegenheit geben, sich über die Einstellungspraxis in Ihrem Unternehmen Gedanken zu machen. Ich empfehle Ihnen, Ihre Antworten in einem kleinen Heft zu notieren. Sicher ergeben sich aufgrund dieser Fragen Verbesserungsmöglichkeiten.

1. Wie stark beachten Sie persönlich und Ihre Kollegen bei der Einstellung das Fragerecht des Arbeitgebers und stellen nur die erlaubten Fragen?

2. Was denken Ihre Bewerber von der Einstellungspraxis in Ihrem Unternehmen?

3. Was würden Sie als Bewerber von der Einstellungspraxis in Ihrem Unternehmen halten?

4. In welchen Bereichen des Fragerechtes sollte das Wissen Ihrer Kollegen aktualisiert werden? Was sollten dafür getan werden?

5. Setzen Sie bisher Personalfragebogen ein? Wie gut sind Ihre Erfahrungen damit?

6. Welche Passagen Ihres bisherigen Personalfragebogens sollten überarbeitet und aktualisiert werden?

7. Sollten Sie bisher keinen Personalfragebogen einsetzen – was müsste getan werden, damit das künftig geschieht?

# Die innerbetriebliche Stellenausschreibung

Die innerbetriebliche Stellenausschreibung ist eine personal-
politische Maßnahme. Sie dient dazu,

– das Unternehmen in die Lage zu versetzen, qualifizierte
  Mitarbeiter innerhalb des Unternehmens über freie Positionen zu informieren, gezielt interessierte Mitarbeiter auszuwählen und einzusetzen;
– die Mitarbeiter eines Unternehmens umzusetzen auf Positionen, die ihrem veränderten Leistungsprofil entsprechen
  (Vermeidung von Kündigungen);
– die Vorteile des innerbetrieblichen Know-hows zu nutzen
  für eine verkürzte Einarbeitungszeit auf die neue Position;
– die Mitarbeiter eines Unternehmens in die Lage zu versetzen, sich innerhalb des Unternehmens für eine sie interes-
  sierende Position zu bewerben.

## Seitensprung statt Aufstieg?

Diese Vorteile sehen nicht nur einen Aufstieg der Mitarbeiter
vor. Sie berücksichtigt allgemein die Möglichkeit der Mitarbeiter, sich im gleichen Unternehmen horizontal und vertikal
zu verändern. Die horizontale Veränderung wird um so wichtiger, je mehr qualifizierte Mitarbeiter sich aus ihrer jetzigen
Position heraus verändern wollen.

Durch diese Querveränderung über die innerbetriebliche Stellenausschreibung haben diese Mitarbeiter die Möglichkeit,
zusätzliche Erfahrungen auf anderen, verwandten oder an-
grenzenden Gebieten ihrer jetzigen Tätigkeit zu erwerben.
Diese neuen Stellen prädestinieren die Mitarbeiter für spätere Führungspositionen.

# Die kostengünstige innerbetriebliche Ausschreibung

Die innerbetriebliche Stellenausschreibung ist in jedem Fall günstiger als das Ausschreiben der Stelle für externe Bewerber. Sollten Sie einwenden, dass die bei der internen Umsetzung frei werdende Stelle ja auch wieder besetzt werden muss, kommt es günstiger, weil

– diese frei werdende Stelle in der Regel niedriger in der Hierarchie und daher geringer dotiert ist,
– oder auch wieder durch kostengünstige interne Maßnahmen neu besetzt werden kann.

Durch die innerbetriebliche Stellenausschreibung spart das Unternehmen nicht nur Insertionskosten. Ein Unternehmensberater muss nicht hinzugezogen – und daher auch nicht bezahlt werden. Außerdem ist der Bewerber schon längere Zeit bekannt und wird (hoffentlich) allseits geschätzt. Er verfügt über das innerbetriebliche Know-how, er kennt schon die Kunden oder die vollständige Produktionspalette. Denn die Einstellung eines neuen Mitarbeiters kommt erheblich teurer. Das wurde schon 1976 von der KIENBAUM Unternehmensberatung untersucht und der Personalwechsel einer Führungskraft mit damals 261.800 DM beziffert.*

---

* Die Gesamtkosten von 261.800 DM für den Personalwechsel im Management am Beispiel einer Führungskraft mit einem Jahresgehalt von damals 120.000 DM veranschlagt. Veröffentlicht in Handelsblatt vom 05.01.1976.

## Was kostet ein Neuer?

Ganz grob gesagt kostet die Einarbeitung einer Führungskraft ungefähr ein zusätzliches Jahresgehalt! Im Einzelnen
sind das mindestens:

| | |
|---|---|
| Kosten von Anzeigen: | ca. € 20.000,– |
| Einladen von 5 Bewerbern für Vorstellungsgespräche (incl. Reisekosten, Zeitausfall der Gesprächspartner usw.) | ca. € 2.000,– |
| Zeitaufwand der Führungskräfte für Entscheidungsfindung (incl. administrativer Aufwand wie Arbeitsvertrag) | ca. € 750,– |
| Einarbeitung des neuen Mitarbeiters (= halbes Jahresgehalt plus 15 % Jahresgehalt des Vorgesetzten) | ca. € 35.000,– |
| Sonstige Kosten (Schulung des neuen Mitarbeiters, Umzugskosten, Heimfahrten, Trennungsentschädigung usw.) | ca. € 5.000,– |
| | ca. € 62.750,– |

Die Kosten von mindestens € 62.750,– kommen auf jedes
Unternehmen zu, wenn sich eine eingestellte Führungskraft
nicht bewähren sollte und während der Probezeit wieder von
sich aus kündigt oder ihr gekündigt wird. Neben dieser Aufstellung des Verfassers und der Veröffentlichung im Handelsblatt kursieren in der Literatur Aufstellungen mit Beträ-
gen bis zu € 250.000,–.

Diese Tatsache der hohen Kosten bei Nichtbewährung der neu eingestellten Mitarbeiter ist ein weiterer Grund für die Notwendigkeit einer detaillierten Gesprächsführung im Einstellungsgespräch.

## Den richtigen Mitarbeiter auf den richtigen Platz

Die Mitarbeiter haben mit Hilfe der innerbetrieblichen Stellenausschreibung die Möglichkeit, sich die Stelle auszusuchen, die ihren momentanen Fähigkeiten und Wünschen am meisten entspricht. Das ist auch wichtig für leistungsgewandelte (ältere) Mitarbeiter, die sich so selbst auf einen Arbeitsplatz bewerben können, der sie zufrieden stellt und nicht überfordert. Das hat den Vorteil, dass die Initiative dann vom älteren Mitarbeiter selbst ausgeht, wenn ein Programm für leistungsgewandelte Mitarbeiter im Unternehmen nicht besteht.

Für das Unternehmen ergibt sich spätestens aufgrund der innerbetrieblichen Stellenausschreibung die kostengünstige Möglichkeit, veränderungswillige Mitarbeiter im Unternehmen zu halten. Das bedeutet auch den sinnvollen Einsatz von Mitarbeitern entsprechend ihren Kenntnissen, Fähigkeiten und Neigungen.

## Warum sich innerbetrieblich verändern?

Bei der Auswahl der eingehenden innerbetrieblichen Bewerbungen ist besondere Sorgfalt notwendig. Es bewerben sich sowohl aufstiegswillige Mitarbeiter, wie auch solche, die die ausgeschriebene Stelle als attraktiver gegenüber ihrem bisherigen Arbeitsplatz ansehen. Die Gründe für einen innerbetrieblichen Änderungswunsch können sein:

1. Offen ansprechbare Gründe (diese werden auch auf das
   Bewerbungsformular geschrieben) wie:
   – ein höherwertiges Arbeitsgebiet;
   – höhere Hierarchieebene (sozialer Aufstieg);
   – gleichwertiges Arbeitsgebiet (auch „Verbreiterung" und
     Vervollkommnung der Kenntnisse für einen geplanten
     späteren Aufstieg);
   – allgemein ähnliches Arbeitsgebiet aber anderer Ort
     (näher beim Lebenspartner sein, wenn dieser in einer an-
     deren Stadt arbeitet);
   – leichteres (nicht geringerwertiges) Arbeitsgebiet (z. B.
     von Akkordarbeit zum Zeitlohn oder auf umfassendere
     Kenntnisse voraussetzenden Arbeitsplatz, der aber re-
     gelmäßige Arbeitszeit hat. Grundsätzlich Arbeitsplätze,
     die von älteren Mitarbeitern bevorzugt werden);
   – interessanteres Arbeitsgebiet (weg von monotoner Ar-
     beit oder Arbeit, die nicht mehr zufrieden stellt. In die-
     sen Bereich gehören auch die „lifestyling"-Bestrebun-
     gen).

2. Versteckt liegende Gründe (diese werden in der Regel nur
   auf Befragen mitgeteilt):
   – Zwistigkeiten mit Kollegen;
   – Unzufriedenheit mit dem jetzigen Vorgesetzten;
   – schlechtes Arbeitsklima;
   – fehlende Anerkennung der eigenen Leistungen und/oder
     der eigenen Persönlichkeit im Kollegenkreis.

## Die Anziehungskraft des jetzigen Unternehmens

Bei der innerbetrieblichen Stellenausschreibung hat das Unternehmen eine hohe Anziehungskraft. Diese Anziehungskraft kann das Ansehen des Betriebes, die Qualität des Pro-
duktes, die sozialen Leistungen, aber auch langjährige Zu-

gehörigkeit zum Unternehmen sein. Nicht zu vergessen ist auch die Monopolstellung großer Unternehmen im ländlichen Raum. Das bedeutet für die Mitarbeiter, dass die Bereitschaft groß sein könnte, auf die beim außerbetrieblichen Wechsel übliche gehaltliche Verbesserung zu verzichten.

Für das Unternehmen kann es wichtig sein, den Grund für den beabsichtigten Wechsel herauszufinden und sich darauf einzustellen. Denn vermutlich bewerben sich Mitarbeiter dann auch in anderen Unternehmen, wenn sie innerbetrieblich abgelehnt wurden.

Nicht zu vernachlässigen ist der Gedanke, ob ein Bewerber nach einer intern abgelehnten Bewerbung sich alsbald außerbetrieblich bewirbt. Seine innerbetrieblichen und seine Branchenkenntnisse, ebenso wie sein Know-how sind dann für das jetzige Unternehmen verloren.

Auch aus diesen Gründen kann es sinnvoll sein, den innerbetrieblichen Bewerber für eine Position mit einem anderen Maßstab zu messen als den außerbetrieblichen Bewerber. Wichtiger ist jedoch, dass die innerbetrieblichen Bewerber in der Regel weniger Routine in Bewerbungen und speziell in Bewerbungsgesprächen haben. Es ist meist die Stellenausschreibung, die sie veranlasst, sich überhaupt Gedanken zu machen über eine Veränderung. Die Mitarbeiter, die sich erst außerbetrieblich und dann innerhalb des Betriebes bewerben, bilden die Ausnahme. Um das Insiderwissen des innerbetrieblichen Bewerbers weiter nutzen zu können, wäre es günstig, dem innerbetrieblichen Bewerber aufgrund seiner geringeren Routine in Bewerbungsgesprächen eine reelle Chance einzuräumen und ihn in gewissen Bereichen wohlwollender einzuschätzen.

# Der Bonus bei innerbetrieblicher Bewerbung

Dem innerbetrieblichen Bewerber sollte im Einstellungsgespräch im Gegensatz zu außerbetrieblichen Bewerbern ein Bonus gegeben werden. Das bezieht sich auf die Einschätzung des Bewerbers in:

– Rhetorik
– Gesprächsführung
– Initiative, was in der letzten Zeit bewegt wurde
– Selbstdarstellung
– Kontaktverhalten

Der innerbetriebliche Bewerber hat in der Regel wenig oder keine Routine in Bewerbungsgesprächen. Er stellt sich daher auch nicht so geschickt dar wie außerbetriebliche Bewerber. Er kennt die Klippen im Einstellungsgespräch in der Regel nicht, die dagegen mancher außerbetriebliche Bewerber schon geschickt zu umschiffen weiß.

Das darf aber nicht dazu führen, dass innerbetriebliche immer den außerbetrieblichen Bewerbern vorgezogen werden. Daher sollte der Personalverantwortliche auch vom innerbetrieblichen Bewerber bestimmte Informationen fordern. Auch bei der innerbetrieblichen Bewerbung kommt es darauf an, qualifizierte und motivierte Mitarbeiter umzusetzen. Als „Gnadenbrot" sollte die innerbetriebliche Veränderung nicht verstanden werden.

# Tipps für die Gesprächsführung
# mit innerbetrieblichen Bewerbern

Die Qualifikation und Motivation der innerbetrieblichen Persönlichkeit lässt sich leicht herausfinden. Zusätzlich bestehen in der Regel in größeren Unternehmen und Verwaltungen Mitarbeiterbeurteilungen. Das Mitarbeiterverhalten im Beurteilungszeitraum sollte unbedingt mit in die Entscheidung einbezogen werden.

Im Einstellungsgespräch sollte auch der innerbetriebliche Bewerber seine Qualifikation und seine Planungen offen darlegen. Daher sollte der innerbetriebliche Bewerber insbesondere angesprochen werden auf:

– seinen Lebenslauf (detailliert besprechen);
– seine jetzige Position und insbesondere dort sein Verhalten zu Kollegen, zu Vorgesetzten und seine Rolle für das Abteilungsklima;
– seine Erwartungen an die künftige Position;
– die Konzeption und die Pläne des Bewerbers für seine künftige Position;
– seine Erwartungen für die nächsten 7–10 Jahre der Berufstätigkeit;
– den Grund für den angestrebten Wechsel;
– die Situation des Bewerbers bei mögliche Ablehnung der innerbetrieblichen Bewerbung.

## Der „enttäuschte" Vorgesetzte

Von der Bewerbung aufgrund der innerbetrieblichen Stellenausschreibung bis zum Wechsel auf die neue Position dauert es in der Regel einige Zeit. Solange diese Zeit der bei einer Kündigung üblichen Frist entspricht, ist nichts dagegen einzuwenden.

Oft reagiert jedoch der bisherige Vorgesetzte auf die erfolgreiche innerbetriebliche Bewerbung seines Mitarbeiters mit dessen Unabkömmlichkeit. Der Mitarbeiter würde dann für bestimmte Aufgaben noch drei Monate oder mehr gebraucht, heißt es dann. Der bisherige Vorgesetzte setzt die Weiterarbeit seines Mitarbeiters dann durch, obgleich der Mitarbeiter selbst ein größeres Interesse an der neuen Position hat. Letztlich müssen aber Personalbereich und Mitarbeiter dem längeren Verbleiben in der alten Position zustimmen.

Es gehört sicher zur optimalen Organisation der innerbetrieblichen Personalbeschaffung und zur richtigen Anwendung von Führungsgrundsätzen, dass eine Frist nicht überschritten wird, wie sie bei einer Kündigung üblich wäre.

## Die rechtliche Würdigung

Nach § 93 BetrVG kann der Betriebsrat verlangen, dass Arbeitsplätze, die besetzt werden sollen, allgemein oder für bestimmte Arten von Tätigkeiten vor ihrer Besetzung innerhalb des Betriebes ausgeschrieben werden.
Von dieser Regelung sind die Arbeitsplätze von leitenden Angestellten (nach § 5, Abs. 3 BetrVG) ausgenommen.

Der Arbeitgeber muss die frei werdenden Positionen nicht von sich aus innerbetrieblich ausschreiben. Erst nach ausdrücklichem Verlangen des Betriebsrates. Aber wenn der Betriebsrat sie verlangt, ist zweckmäßigerweise eine Betriebsvereinbarung über die Ausschreibungsmodalitäten abzuschließen.

Unterlässt der Arbeitgeber die innerbetriebliche Ausschreibung, obgleich der Betriebsrat sie verlangt hat, kann der Arbeitgeber gerichtlich gezwungen werden, sie durchzuführen. Dazu kann der Betriebsrat oder eine im Betrieb vertretene Gewerkschaft beim Arbeitsgericht einen entsprechenden Antrag stellen. Der einfachere Weg ist allerdings, dass der Betriebsrat der Einstellung eines Mitarbeiters widerspricht (nach § 99, Abs. 2 BetrVG aufgrund unterbliebener innerbetrieblicher Ausschreibung).

# Innerbetriebliche Stellenausschreibung wie initiieren?

Die Mitarbeiter eines Unternehmens können über die innerbetrieblich ausgeschriebenen Positionen erfahren:

- Beim Personalbetreuer/Personalleiter (billige Lösung;
  Informationsgrad äußerst gering, weil nur bestimmte Mitarbeiter beim Personalbereich vorsprechen. Außerdem besteht die Gefahr, viele Interessenten der Stellenausschreibung nicht zu erfassen).
- Am schwarzen Brett (billige Lösung, aber nicht alle Mitarbeiter lesen das schwarze Brett)
- In der internen Informationszeitschrift (günstige Lösung,
  wenn die Stellenausschreibung als zusätzlich Rubrik in der
  Zeitschrift aufgeführt wird; Informationsgrad der Mitarbeiter ist hoch)
- Im Intranet (firmeninterne Kommunikation) (günstige Lösung; Informationsgrad der Mitarbeiter ist hoch)
- In Extra-Mitteilung: Innerbetriebliche Stellenausschreibung
  (effektivste Lösung für Großunternehmen; Informationsgrad zwar etwas geringer als interne Informationszeitschrift, kann aber auch gezielter eingesetzt werden)

# Das Zusammenspiel der Instrumente

Die innerbetriebliche Stellenausschreibung ist ein Instrument
der Personalpolitik. Eines neben anderen Instrumenten. Sie
kann besondere Bedeutung erlangen für die Personalplanung,
Personalbetreuung und Personalentwicklung. Daher sollte jeder Unternehmer aus Erfahrungen mit dem Instrument der
innerbetrieblichen Stellenausschreibung Folgerungen ziehen.

Folgerungen wie:
- Bestimmten Mitarbeitern bestimmte Positionen gezielt anbieten;
- aufgrund der Leistungsbeurteilung bestimmte Mitarbeiter für bestimmte Positionen mittelfristig vorsehen;
- die Aus- und Weiterbildung bestimmter Mitarbeiter gezielter als üblich vornehmen;
- ein Personalentwicklungsprogramm für förderungswürdige Mitarbeiter erstellen.

## Tipps für innerbetriebliche Bewerber

Weil es auch unter den Lesern dieses Buches Bewerber geben wird, hier einige Tipps für innerbetriebliche Bewerber: Wer sich innerbetrieblich bewirbt, sollte sich zuvor einige Gedanken machen. Er sollte sich überlegen, warum er eigentlich gerade jetzt wechseln möchte. Danach ist zu überlegen, ob es so sinnvoll ist, alle Gründe oder nur die wichtigsten anzuführen. Zusätzlich gibt es einige Grundsätze, die jeder Bewerber beachten sollte:

Wer den Eindruck hat, mit den Kollegen sei kein Auskommen, sollte sich vor der Bewerbung selbst prüfen:
- „Bin ich tolerant genug?"
- „Arbeite ich selbst effektiv genug?"
- „Bin ich zu den Kollegen meistens freundlich - oder habe ich mir viele Feinde gemacht?"

Geschehen diese Überlegungen nicht, besteht die große Gefahr, dass am neuen Arbeitsplatz bald die gleiche unzufrieden stellende Situation wie jetzt besteht. Dann gilt das Sprichwort: „Vom Regen in die Traufe".

Auch sind Überlegungen wichtig, was an der ausgeschriebenen Stelle besonders interessant ist. Dabei sollte auch an Planungen gedacht werden, die realisiert werden könnten. Aber auch an zu erwartende Schwierigkeiten.

Die innerbetriebliche Stellenausschreibung kann eine effektive Methode sein, qualifizierte Mitarbeiter zu erkennen, zu fördern und im Unternehmen zu halten. Wenn auf diesem Instrument optimal gespielt wird, werden die Bereiche gezielte Mitarbeiterförderung und erfolgreiche Personalplanung in den Vordergrund rücken.

## Bitte beantworten Sie die folgenden Fragen:

Diese Fragen sollen Ihnen Gelegenheit geben, sich über die Einstellungspraxis in Ihrem Unternehmen Gedanken zu machen. Ich empfehle Ihnen, Ihre Antworten in einem kleinen Heft zu notieren. Sicher ergeben sich aufgrund dieser Fragen Verbesserungsmöglichkeiten.

1. Wie weitgehend beachten Sie die Vorteile der innerbetrieblichen Stellenausschreibung?

2. Wie könnten Sie vakante Positionen noch interessanter für die Mitarbeiter machen, die Sie als förderungswürdig erachten?

# Die positiven Bewerber einstellen

Jeder Einstellende muss sich auch über das Klima in dem Bereich klar sein, für den er jemanden sucht. Das gilt um so eher, je mehr Führungsverantwortung der Gesuchte hat. Die Persönlichkeit des Bewerbers ist bei zu vergebenden Führungspositionen umso wichtiger. Ist der Bewerber von seiner Grundstruktur eher ein Pessimist oder ein Optimist?

## Pessi- oder Optimisten

Pessimisten sehen die Auswege nicht, die es auch in schwierigen Situationen noch gibt. Pessimisten verändern bei notwendigen Neuerungen nur widerwillig. Daher sind negativ denkende Führungskräfte in keinem Unternehmen und in keiner Behörde gern gesehen. Sie erzeugen und verbreiten Pessimismus, Missmut und Demotivation bei den Mitarbeitern. Das kann niemandem recht sein, egal ob er Freiberufler, Unternehmer, Politiker oder Leiter eines Amtes ist.

Zwar ist jeder Mensch von Zeit zu Zeit negativen Gedanken ausgesetzt. Aber – ein Mensch, der in allem eher den negativen Gesichtspunkt oder nur die Nachteile sieht, wird auch realistischen Neuerungen (Innovationen) gegenüber eher negativ eingestellt sein. Innovationen im Betrieb und in Ämtern sind bei sich schnell wandelnder Technologie und bei Veränderung von gesellschaftlichen Werten immens wichtig. Insbesondere dann muss auch die Führungskraft der Innovation gegenüber aufgeschlossen sein. Führungskräfte, die Killerphrasen wie: „Haben wir schon probiert und hat nicht funktioniert", „Hat keinen Sinn" oder „Dazu fehlt uns Zeit und/oder das Geld" im Munde führen, können nicht motivieren. Wer neue Aktivitäten nur mit Skepsis verfolgt, wer stets die negativen Folgen eines Misserfolgs fürchtet, wer nicht bereit ist, ein kalkuliertes Risiko einzugehen, der wird möglicherweise weniger das Wohl der Firma oder des Amtes im Sinn haben – sondern mehr das eigene Wohl.

Auch beim Sport wird deutlich, dass ein „Nicht-verlieren-Wollen" noch längst kein Gewinn oder ein Sieg ist. Letztlich ist es bei allen Gesprächen auf welcher Ebene auch immer exakt das gleiche: Der Wille zum Sieg erzeugt eigene Motivation und die Kraft, nicht nur mit stichhaltigen Argumenten zu überzeugen.

Ohne stichhaltige Argumente gleiten Gespräche in Biertisch-Diskussionen ab. Stichhaltige Argumente sind Pflicht und gehören zur Vorbereitung jedes wichtigen Gespräches mit Mitarbeitern, Geschäftspartnern und Kunden.

Nur – richtige Argumentationstechnik allein wirkt angelernt, im letzten Seminar antrainiert und aufgesetzt. Dagegen ist die Überzeugungskraft die Kür, die der Argumentationspflicht folgt. Die Qualität einer Führungskraft zeigt sich auch im Beherrschen dieser Kür. Denn Überzeugen kann nur der, der positiv und optimistisch denkt.

## Die positive Führungskraft erkennen

Die Mitarbeiter zu motivieren und positiv aufzuladen bedeutet neben der positiven Motivation auch

– initiativ zu sein,
– aus scheinbar auswegloser Situation noch einen gangbaren Weg zu finden,
– sich auch mit Unerfreulichem auseinanderzusetzen,
– selbst insgesamt eine optimistische und lebensbejahende Haltung einzunehmen.

Wenn der Frust bei den Mitarbeitern um sich greift, muss die Führungskraft sofort eingreifen. Sie muss

– die Unzufriedenheit sofort erkennen;
– die Ursache schnell lokalisieren und

– eine Lösung oder zumindest eine Änderung der jetzigen unzufrieden stellenden Situation herbeiführen.

Das aber kann nur die positive Führungskraft, die es schon
im Bewerbungsgespräch zu erkennen gilt. Wer positive
Führungskräfte einstellt, wird eine positivere Führungs-
mannschaft mit mehr Erfolg und motivierterer Mannschaft
haben. Die positiv eingestellte Führungskraft lässt sich im
Einstellungsgespräch schnell erkennen.

## Die Einstellung zur Sprache bringen

Es ist sinnvoll, schon innerhalb des Einstellungsgespräches
die positive/negative Einstellung zur Sprache zu bringen.
Wenn es möglich ist, schon innerhalb des Einstellungsgespräches die Lebenseinstellung des Bewerbers zu erkennen,
können die positiven denkenden Führungskräfte eingestellt
werden. Dazu müssen konkrete Themenbereiche angesprochen und gezielte Fragen gestellt werden.

## Die konkreten Themenbereiche

Ausgehend vom Anforderungsprofil werden die Themenbereiche erfasst und mit der Interviewtechnik die konkreten Fragestellungen vorbereitet. Wer das Anforderungsprofil aber
nicht kennt, kann keine Einstellung durchführen und wird
nicht wissen, welche Qualifikation der Mitarbeiter haben
sollte.

Hier folgen einige Fragestellungen, um die Fähigkeit des positiven Denkens am Beispiel der Anforderungen Kooperati-
onsfähigkeit und Führungsverantwortung herauszuarbeiten:

– „Wann ist Ihrer Meinung nach von einer guten Zusammenarbeit zu sprechen?"

- „Wie schätzen Sie sich selbst ein – welche Aufgaben bearbeiten Sie lieber im Team und welche allein?"
- „Bei welchen Aufgaben oder Projekten kann es Ihrer Meinung nach leicht Konflikte geben?"
- „Ist der richtige Informationsfluss eher eine Hol- oder eher eine Bringschuld? Bitte begründen Sie."
- „Was erwarten Sie als Mitarbeiter von Ihrem Vorgesetzten?"
- „Welche dieser Hauptfähigkeiten haben Sie in der Führung von Mitarbeitern bewiesen? Bitte nennen Sie Beispiele."
- „Eine Führungskraft muss einen Teil Fachkenntnisse und Führungskenntnisse haben. Was schätzen Sie als wichtiger ein und wie schätzen Sie den Anteil bei sich selbst ein? Bitte begründen Sie."
- „Was haben Sie als Hauptaufgabe in Ihrer bisherigen Position angesehen? Und wie sehen Sie das aus heutiger Sicht?"
- „Wie behandeln Sie Mitarbeiter mit Verbesserungsvorschlägen?"
- „Was bedeutet die Bezeichnung „selbständige Mitarbeiter" für Sie?"
- „Wo sehen Sie die Grenzen der Führung?"

## Weitere gezielte Fragen

Das Führen des Eintellungsgespräches nach der Interviewtechnik gewährleistet, dass der Einstellende die richtigen Fragen (wie bei einem Interview) an den Bewerber richtet. Diese Fragen werden so gestellt, dass der Frager relevante Einsichten in den persönlichen Hintergrund des Bewerbers erhält.

Hier folgen einige Formulierungsvorschläge für die richtigen Fragestellungen im Einstellungsgespräch. Manche Formulierungsvorschläge klingen ähnlich und sollten nur alternativ und je nach Gesprächsverlauf gestellt werden. Alle dagegen checken mit den Antworten des Bewerbers neben der positiven oder negativen Einstellung weitere zusätzliche und wichtige Einstellungskriterien ab. Hier soll es aber nur um die positive Einstellung gehen.

– „Was ist Ihnen bei der Führung von Mitarbeitern wichtig?"
– „Welchen Führungsstil praktizieren Sie und wodurch wird das Ihrer Meinung nach für die Mitarbeiter deutlich?"
– „Was ist Ihren Mitarbeitern an deren Arbeitsstelle wichtig gewesen?"
– „Worauf haben diese Ihrer Meinung nach am meisten Wert gelegt?"
– „Was haben Ihre Mitarbeiter und Ihre Vorgesetzten an Ihnen geschätzt?"
– „Was ist Ihnen in Gesprächen wichtig und worauf kommt es Ihnen dabei besonders an? Bitte berichten Sie."
– „Nicht alle Gespräche laufen in dem gleichen Gesprächsklima ab. Welches Klima haben Sie in den meisten Ihrer Gespräche gehabt? Worauf führen Sie das zurück?"
– „Wenn Sie mit problematischen Gesprächspartnern Ergebnisse erzielen mussten, worauf konnten Sie das Erreichen der Ergebnisse nach Ihrer Meinung zurückzuführen?"
– „Worauf kommt es Ihrer Meinung nach im Gespräch mit Mitarbeitern an?"
– „Lassen sich nach Ihrer Erfahrung alle Vorschläge der betroffenen Mitarbeiter auch realisieren? Bitte berichten Sie kurz, was Sie in Ihrer bisherigen Praxis geantwortet haben oder sagen mussten."
– „Corporate Identity ist für manche Unternehmen notwendig. Was bedeutet Corporate Identity für Sie, wenn Sie es auf die Mitarbeiterführung beziehen?"

In allen Fragen werden persönliche Kriterien abgefragt. Einige Fragen sind Kontrollfragen zu anderen. Auf diese Weise kann der Bewerber herausgefunden werden, der sich als Optimist ausgeben will.

## Bitte beantworten Sie die folgenden Fragen:

Diese Fragen sollen Ihnen Gelegenheit geben, sich über die Einstellungspraxis in Ihrem Unternehmen Gedanken zu machen. Ich empfehle Ihnen, Ihre Antworten in einem kleinen Heft zu notieren. Sicher ergeben sich aufgrund dieser Fragen Verbesserungsmöglichkeiten.

1. Was für ein Mensch sind Sie persönlich? Eher Pessi- oder eher Optimist?

2. Wie haben Sie bisher die eher positiv gepolten Führungskräfte erkannt und wie könnten Sie das noch verbessern?

3. Inwieweit korrespondiert die Corporate Identity in Ihrem Unternehmen mit der positiven Ausstrahlungskraft der leitenden Mitarbeiter? Was müsste für eine höhere Übereinstimmung getan werden?

# 10

## Wie Sie den besten Bewerber herausfinden

## Auswahl wichtiger Eigenschaften

Sicher gibt es keine Rezepte, wie Sie den für Sie richtigen Mitarbeiter aus einer Vielzahl von Bewerbern herausfinden. Dennoch kristallisieren sich aus Veröffentlichungen (siehe Literaturliste) und aus der Erfahrung einige Punkte heraus, welche die Treffsicherheit erheblich erhöhen.

– Erstellen Sie ein Profil der wichtigsten Eigenschaften des Bewerbers und stellen Sie fest, welche dieser Eigenschaften für die vakante Stelle notwendig und welche verzichtbar sind. Hier ein Muster mit einer Auswahl von Eigenschaften:

| Diese Eigenschaften eines _____ sind: | notwendig | erwünscht | verzichtbar |
|---|---|---|---|
| Empathie (Einfühlungsvermögen) | | | |
| Realitätssinn | | | |
| Fähigkeit zuzuhören | | | |
| Flexibilität, Anpassungsfähigkeit | | | |
| Motivation (die Fähigkeiten nutzen wollen) | | | |
| Egodrive (Drang nach Selbstbestätigung) | | | |
| Assertivität (sich positiv darstellen können) | | | |
| Ordnungssinn | | | |
| Initiative – Selbststarter-Fähigkeiten | | | |
| Fähigkeit, Aufgaben, Zeit zu planen | | | |
| Projektorientiertes Vorgehen (fachlicher Problemlöser) | | | |
| Mentale Kraft (Widerstand ertragen können) | | | |
| Analytisches Vorgehen | | | |
| Entscheidungsfähigkeit | | | |
| Delegationsvermögen | | | |
| Loyalität | | | |

Diese Eigenschaften wurden entnommen aus: Bohlen, Einfühlungsvermögen und Selbstbestätigungsdrang – ein Schlüssel für Erfolg ... (s. Literaturliste).

*Musterformular 5: Persönlichkeitsprofil des Bewerbers*

– Erstellen Sie aufgrund der Bewerbungsunterlagen einen Katalog mit Fragen zu Besonderheiten und Auffälligkeiten im Lebenslauf individuell für jeden Bewerber. Tun Sie das nicht, werden Ihnen nach kurzer Zeit die „Knackpunkte" bei einzelnen Bewerbern nicht mehr einfallen.

– Checken Sie im Einstellungsgespräch konkret die Punkte mit Fragen ab, die Ihnen aufgrund der Bewerbungsunterlagen aufgefallen sind. Achten Sie darauf, dass die Bewerber auf einzelne Fragen vorbereitet sein können. Daher sollten Sie nach der Antwort auf Ihre Frage weiter nachfragen und nachhaken. Lassen Sie nicht zu früh locker.

– Achten Sie auf die Antworten des Bewerbers, hören Sie die Untertöne (bei Briefen steht manches „zwischen den Zeilen") und zeigen Sie, dass Sie zuhören können. Vermeiden Sie vor allem eine ausführliche Darstellung der vakanten Position. Lassen Sie den Bewerber danach fragen. Es kommt nicht so sehr darauf an, was Sie sagen, sondern mehr, was der Bewerber sagt.

– Bitten Sie den Bewerber, Ihnen Fragen zu stellen. Anhand dieser Fragen können Sie auch erkennen, wo die Interessen, aber auch die Sorgen des Bewerbers sind. Fordern sie ihn heraus, sich die vakante Position konkret vorzustellen.

– Stellen Sie den Bewerber unbedingt jemand anderem vor. Dieser Jemand muss nicht unbedingt ein Mensch Ihres Vertrauens sein. Auch Ihnen nicht sympathische Kollegen werden Ihnen Fakten sagen, die Sie bei der Auswahl berücksichtigen werden. Auf jeden Fall erbitten Sie dessen Meinung über den Bewerber. Ideal ist es, wenn der Kollege anderen Geschlechts ist. Frauen und Männer sehen jeweils andere Eigenschaften bei Personen und können sich hier ergänzen.

## Abweichende Methoden der Personalauswahl

Je ähnlicher die Bewerber in ihren Qualifikationen sind und je schwieriger der Einstellende die Auswahl empfindet, desto eher werden abweichende Methoden der Personalauswahl zu Rate gezogen. Es bestehen die seltsamsten Kriterien bei der Entscheidungsfindung. Hier eine kleine Auswahl:

– Eine Gruppe von Einstellenden achtet bei den Gesprächen mit Consultants darauf, welche Schuhe der Bewerber trägt und wie gepflegt sie sind. Im Zweifel würde hier ein guter Bewerber nicht genommen werden, weil seine Schuhe nicht zu seinem sonstigen Outfit passen oder man diese Schuhe einfach nicht trägt. Nach Meinung des Verfassers sind Menschen in der Schuhfrage flexibel und passen sich in der Regel an die Gruppe an, in der sie verkehren. Weiß ein Bewerber von der Bedeutung der Schuhe in einer bestimmten Firma, kann er sich erheblich besser verkaufen.
– Eine bekannte Firma stellt für bestimmte Berufsgruppen bis zu drei Bewerber für die gleiche Position ein. Innerhalb der ersten sechs Monate entscheidet sich, welcher dieser drei Bewerber die Position behalten darf. Die anderen verlassen das Unternehmen innerhalb der Probezeit. Nach Meinung des Verfassers ist diese Technik nicht nur unangemessen kostenintensiv, sondern zeigt das mangelnde Vertrauen in das Personalauswahlverfahren.
– Ein Unternehmensleiter bittet seine Frau, während des Bewerbungsgespräches ins Büro zu kommen. Seine Frau hat den Hund dabei. Reagiert der Hund auf den Bewerber positiv, wird dieser eingestellt. Reagiert der Hund negativ oder nimmt vom Bewerber keine Notiz, erhält der Bewerber nach ca. 14 Tagen eine Absage. Der Unternehmensleiter hat bisher nur gute Erfahrungen mit dieser Technik gemacht – so sagt er.
– Einige Unternehmensleiter gehen nicht nur für Personalentscheidungen zur Wahrsagerin.
– Ein Personalleiter und sein direkter Mitarbeiter bieten dem Bewerber Zigaretten während des Einstellungsgesprächs an, obgleich sie selbst nicht rauchen. Geht der Bewerber auf das Angebot ein, katapultiert er sich selbst aus dem Bewerberprozess. Der Personalleiter möchte keine Raucher als Führungskräfte haben.

Nach Meinung des Verfassers können die meisten dieser
Techniken nichts über die Qualifikation, Fähigkeiten und
Fertigkeiten des Bewerbers aussagen. Aber manche Auswahlverfahren sind wohl so gut, wie der Entscheider selbst
daran glaubt.

Bei jeder Personalentscheidung ist auch gewisses Maß an In-
tuition nötig. Dennoch sind diese selbstgestrickten Entscheidungshilfen so dubios, dass sie einer wissenschaftlichen
Nachprüfung wahrscheinlich noch weniger standhalten als
die systematisch durchgeführten Bewerbungsgespräche oder
Assessment Center. Auch wenn Sie, lieber Leser, über diese
selbstgestrickten Entscheidungshilfen lächeln sollten, bitte
prüfen Sie sich selbst. Haben Sie nicht auch vergleichbare Hil-
fen oder legen Sie nicht auch besonderen Wert auf bestimmte Verhaltensweisen? Die folgenden Fragen können Ihnen
helfen, sich auf die Spur zu kommen:

– Führen Sie Einstellungsgespräche allein oder stellen Sie den
  Bewerber weiteren Personen vor?
– Führen Sie die Einstellungsgespräche nach vorher festgelegten Kriterien und der Interviewtechnik? Notieren Sie
  sich die Ergebnisse? Begründen Sie diese Ihren Kollegen gegenüber?

Haben Sie diese Fragen mit „Ja" beantwortet, so scheinen Sie
im Bewerbungsprozess die richtigen Bewerber einzustellen.
Haben Sie mit „Nein" geantwortet, dann sollten Sie Einstellungsgespräche sehr bald nach vorher festgelegten Kriterien,
mit der Interviewtechnik führen und den Bewerber möglichst
einem weiteren (gegengeschlechtlichen) Einsteller vorstellen.

Weitere Fragen:
- Achten Sie auf eine bestimmte Kleidung der Bewerber? Ist diese Art der Kleidung symptomatisch für bestimmtes berufliches Verhalten? Haben Sie dafür Beweise?
- Achten Sie auf bestimmtes Verhalten? Ist dieses Verhalten im Beruf so wichtig, dass schon der Bewerber dieses Verhalten unbedingt wissen muss?
- Achten Sie auf bestimmte Äußerlichkeiten, die für Sie persönlich wichtig sind wie Pünktlichkeit, Aussehen, höfliches Verhalten, Hilfsbereitschaft?

Bitte prüfen Sie sich selbst und auch Ihre Mitarbeiter oder einstellenden Abteilungsleiter-Kollegen, ob diese nicht auch mit selbstgestrickten Hilfsmitteln arbeiten. Die Folge wären Einstellungsentscheidungen, die Sie im Nachhinein bedauern.

## Bitte beantworten Sie die folgenden Fragen:

Diese Fragen sollen Ihnen Gelegenheit geben, sich über die Einstellungspraxis in Ihrem Unternehmen Gedanken zu machen. Ich empfehle Ihnen, Ihre Antworten in einem kleinen Heft zu notieren. Sicher ergeben sich aufgrund dieser Fragen Verbesserungsmöglichkeiten.

1. Wie stark verlassen Sie und Ihre Kollegen sich bei der Einstellung von Bewerbern auf nicht wissenschaftliche Verfahren?

2. Haben Sie Profile der wichtigsten Eigenschaften von Bewerbern für unterschiedliche Positionen in Ihrem Unternehmen? Sind diese Profile den Einstellenden bekannt und aktuell? Wen könnten Sie mit der Aktualisierung beauftragen?

3. Erstellen Sie sich einen Fragenkatalog bei jedem Bewerber oder führen Sie die Einstellungsgespräche aufgrund Ihrer großen Routine eher aus dem Handgelenk? Sollte Letzteres der Fall sein - stellen Sie immer wieder die gleichen, „abgenudelten" Fragen oder konzentrieren Sie sich auf jeden Bewerber neu?

4. Achten Sie auch darauf, dass Bewerber auf Ihre Fragen vorbereitet sein könnten? Haken Sie bei Fragen zu wichtigen Kriterien nach?

5. Hören Sie Untertöne in den Aussagen der Bewerber?

6. Stellen Sie die Bewerber auch anderen Personen, auch unterschiedlicher Hierarchie und anderen Geschlechts vor? Nutzen Sie die Fähigkeit anderer Menschen, Unbewusstes wahrzunehmen?

7. Wie weit lassen Sie sich von eher dubiosen Hilfsmitteln bei der Entscheidung für den richtigen Bewerber leiten? Was könnten Sie tun, um hier mit validen Hilfsmitteln (wie z. B. mit dem P.A.T.-Test) eine eher nachvollziehbare Einstellungsentscheidung abzugeben?

# 11

# *Investigative Bewerberauswahl*

In 70 Prozent aller aufgedeckten Betrügereien in Firmen ist schon bei der Bewerbung getrickst worden.* Diese Bewerbertricks konnten jedoch nicht aufgedeckt werden, weil der Einstellungsprozess bei den meisten Firmen Lücken aufweist. Erst im Verlauf des Mitarbeiterstatus wird deutlich, dass schon bei der Bewerbung Unregelmäßigkeiten auftraten. Diese sind aber vor der Einstellung nicht erkannt worden. Auch Behörden sind vor vielen dieser Bewerbertricks nicht gefeit. Einige Tricks können nur von Fachleuten erkannt werden, welche darauf spezialisiert sind.

Wer Bewerber einstellt, prüft die Bewerbungsunterlagen auf Vollständigkeit und Übereinstimmung mit dem Anforderungsprofil. Eine investigative Bewerberauswahl, also eine Untersuchung inkl. Nachprüfungen bei früheren Arbeitgebern finden nur ganz selten statt und Originale werden so gut wie nie angefordert. Auch während des Einstellungsgesprächs brauchen sich manche Bewerber nur geschickt zu verhalten, denn Prüfungen oder eine Kontrolle der Unterlagen und Aussagen im Einstellungsgespräch sind extrem selten. Daher stellt sich erst zu spät heraus, dass der Bewerber im Einstellungsgespräch einen völlig anderen Eindruck gemacht hat und als Mitarbeiter nicht tragbar ist.

Weil nicht alle neuen Mitarbeiter über die erwarteten und angegebenen Fähigkeiten auch verfügen, ist es sinnvoll,

– rechtzeitig, d. h. noch vor Abschluss der Einstellung,
– geschickt, d. h. ohne überhaupt einen Eindruck bei Bewerber oder Informant zu hinterlassen,

Fakten der Bewerbungsunterlagen zu prüfen. Diese zwei Punkte sind sehr wichtig für beide, den Einstellenden und den Bewerber. Denn der jetzige und auch der frühere Arbeitgeber

---

* so MANFRED LOTZE (BDD), Detektive Kocks, Düsseldorf, in persönlichen Gesprächen.

eines Bewerbers dürfen keinesfalls wissen, dass Nachforschungen angestellt werden. Manchmal sind jedoch Nachforschungen notwendig, wie folgende Beispiele zeigen. Diese
Beispiele entstammen persönlichen Erfahrungen, gemeinsa-
men Seminaren und Gesprächen mit MANFRED LOTZE
(BDD), Detektive Kocks, Düsseldorf. Könnte so etwas auch
in Ihrem Unternehmen passieren?

## Das gefälschte Universitätsemblem

Nur wenige Personalleiter schauen bewusst auf das Diplom,
wenn sie die Bewerbungsunterlagen durchschauen. Wer
kennt schon alle Universitätsembleme? Ein Absolvent einer
bekannten Universität im Nordwesten Deutschlands wurde
einstellt. Nach etwa einem Jahr fiel bei der zufälligen Durchsicht der Unterlagen das Diplomzeugnis und insbesondere das
Universitätsemblem auf. Die spätere Recherche ergab, dass
das Universitätsemblem gefälscht war und der Mitarbeiter die
Diplomprüfung gar nicht abgelegt hatte.

## Referenzen existieren nicht wirklich

Wenn der Einstellende in der Stellenannonce oder im Einstel-
lungsfragebogen Referenzen fordert, geben die Bewerber diese in der Regel auch an. In vielen Unternehmen werden diese
Referenzen aber gar nicht geprüft. Werden sehr hoch ange-
siedelte Personen als Referenz angegeben, so werden diese Referenzen noch weniger genutzt. Welche Personalabteilung
wendet sich z. B. an die Referenz: Bundeskanzler? Selbst
wenn die Personalabteilung in Berlin anriefe und wenn sie bis
zum Bundeskanzleramt oder Sekretariat durchkäme, wäre
spätestens hier Schluss. Für Minister in Bund oder Ländern,
Oberbürgermeister oder auch Vorstände eines Unternehmens
gilt Ähnliches. Der Bewerber kann nahezu sicher sein, dass

diese Referenzen nicht nachgeprüft werden. Gleiches gilt für bekannte Künstler. Also kann er gefahrlos Berühmtheiten oder bekannte Namen angeben. Eine gezielte Recherche jedoch kann auch diesen Trick aufdecken.

## Wissenschaftliche Veröffentlichungen stammen nicht vom Bewerber

Wenn wissenschaftliche Veröffentlichungen bei der Bewerbung angegeben werden, so werden sie bei den meisten Personalabteilungen nur zur Kenntnis genommen. So wurde auch in einem Unternehmen keine der im Bewerbungsschreiben angegebenen Veröffentlichungen tatsächlich angefordert, geschweige denn gelesen. Später stellte sich heraus, dass der Bewerber in mehreren Punkten nicht den Anforderungen der Stelle entsprach. Die Recherche bei diesem Bewerber ergab, dass die angegebenen Veröffentlichungen von seinem Bruder stammten. Da der Nachname gleich war, fiel der andere Vorname bei der bloßen Angabe der Initialen nicht auf.

## Der Konkurs früherer Arbeitgeber war nur vorgetäuscht

Ein Unternehmen stellte einen Bewerber ein. Zwar fiel schon bei den Zeugnissen auf, dass der Bewerber in zwei Unternehmen aufgrund deren Konkurse ausscheiden musste, aber im persönlichen Gespräch machte der Bewerber einen sehr guten Eindruck. Er konnte alle Zweifel im persönlichen Gespräch zerstreuen und wurde eingestellt. Bei zufälliger späterer Recherche wurde festgestellt, dass eine Firma noch existierte und die andere nie existiert hatte. In beiden Fällen war der Konkurs nur vorgetäuscht. Die Zeugnisse sind so nie von den Unternehmen ausgestellt worden und der Bewerber hat Lücken im Lebenslauf verdecken wollen.

# Der Bewerber war Alkoholiker

Ein mittelständischer Unternehmer glaubte, den Nachfolger für seinen Betrieb gefunden zu haben. Nach mehreren Monaten Beschäftigung war klar, dass der Nachfolger nicht halten konnte, was seine Papiere und sein Eindruck versprachen. Durch Recherche wurde klar, dass der Mann alkoholkrank war und mehrere Kurversuche erfolglos geblieben waren. Aus dem Dreijahresvertrag kam der Unternehmer nur durch Zahlung einer hohen Summe heraus. Die Nachfolgeregelung blieb weiterhin ungelöst.

## Lücken im Lebenslauf durch Fälschung behoben

Bei einem noch sehr jungen Mitarbeiter stellt sich schon nach kurzer Zeit heraus, dass er noch keine Erfahrungen im wirtschaftlichen Leben hatte. Obwohl er nach seinen Zeugnissen sowohl eine Lehre absolviert, wie auch einige Monate als Sachbearbeiter gearbeitet hat. Bei weiterer Recherche stellt sich heraus, dass der Bewerber früher drogenabhängig war. Er wurde wegen Drogenkriminalität verurteilt, konnte seine Haftstrafe jedoch nicht antreten wegen Überfüllung der Gefängnisse. Eine Drogenentziehungskur wurde abgelehnt wegen der möglichen Unterbrechung durch die Haft. Nach Antreten der Haftstrafe und Absolvierung der Kur hatte er Lücken im Lebenslauf, mit denen ihn niemand eingestellt hätte. Er bewarb sich also mit gefälschten Angaben im Lebenslauf und einem Zeugnis. Die Fälschungen wurden im Bewerbungsprozess nicht erkannt. Die gezielte Recherche ergab die Vorgeschichte.*

Sollten Sie der Meinung sein, dass dies nur Einzelfälle seien und Sie niemals davon betroffen werden – dann ist die folgende Veröffentlichung für Sie interessant:

---

* Zusammenfassung auch in Bewerber-Tricks, in Detektiv-Kurier Nr. 3/99

**Vorwürfe der Staatsanwaltschaft gegen:**

| Name | Unternehmen, Position | Vorwürfe |
|---|---|---|
| Paul Kostrewa | Ex-VV Refugium Holding Ag | Bilanzfälschung |
| F.-L. Solzbacher | Ex-VM Refugium | Betrug + Untreue |
| Ulrich Misgeld | Ex-VV Berliner Volksbank eG | Betrug + Untreue |
| Heinz Gentz | AR-V Veba Immobilien, | Beihilfe zur Untreue, |
| | Ex-Personal-V Veba | Titelmissbrauch |
| Eberhard Martini | Ex-VV Hypobank, jetzt im AR | Untreue + Bilanzfälschung |
| Klaus Schweickert | Ex-AR-Vorsitzender Depfa | Erpressung + Untreue |
| Karl Fütterer | Ex-GF BBV-Immobilienfonds | Ermittlung wg. Korruption |
| Albert Schmid | Ex-Prä Bayerisches Rotes Kreuz | Untreue, geg.Geldbuße eingest. |
| Günter Fischer | Gründer und pers. haftender | Betrug + Untreue |
| | Gesellschafter Bankhaus Fischer | |
| Ulrich Lilienthal | Ex-Chef Veba Immobilien AG | Untreue, Korruption |
| Ludwig Staender | Ex-VV Veba-Immobilien AG | Ermittlungen wg. Vorteilnahme |
| Winfried Haastert | Ex-VM Thyssen-Henschel | Untreue, Betrug, Steuerhinterz. |
| Jürgen Maßmann | Ex-VM Thyssen | Untreue, Betrug, Steuerhinterz. |
| Johannes Löbbert, | Gründer + Großaktionäre der | Bilanzfälschung, Kreditbetrug, |
| Dieter Löbbert | Euro Waste Service AG (EWS) | Steuerhinterziehung |
| Dr. F.Hennemann, | Ex-VM Bremer Vulkan Verbund AG | Untreue |
| Joh. Schnüttgen, | Ex-VM | Untreue |
| Günter Schmid, | Ex-VM | Untreue |
| Dr. Rüd. Zinken | Ex-VM | Untreue |
| H.-J. Doerfer | Ex-GF V Caritas Trier (CCT) | Untreue |

Quelle:
Handelsblatt Nr. 183/1999

GF   = Geschäftsführung, Geschäftsführer
GF V = Geschäftsführender Vorstand
V    = Vorstand
VM   = Vorstandsmitglied
VV   = Vorstandsvorsitzender

Sind Sie jetzt immer noch der Meinung, in Ihrem Unternehmen könnte das nicht passieren?

## Wie eine Detektei beim Einstellungsprozess helfen kann

60 Prozent der aufgedeckten Delikte von Mitarbeitern werden durch interne Maßnahmen wie Abfindung, Versetzung und Trennung in gegenseitigem Einverständnis geregelt. Bei der Trennung in gegenseitigem Einverständnis erscheint in keinem Zeugnis der wahre Grund. In der Regel ist diese Tren-

nung nur von Fachleuten anhand der Formulierung zu vermuten. Das hat zur Folge, dass keine Flecken auf der weißen Weste des Mitarbeiters hinterlassen werden. Personalabteilungen haben erheblich erschwerte Bedingungen, eben diese Flecken zu erkennen. Hier bringt ein Detektiv Hilfe.

Die Personalabteilung kann sicher die Bewerberunterlagen auf Plausibilität abchecken. Sie kann auch nach einem Führungszeugnis verlangen, erfährt jedoch dort nur die Straftaten, die nicht verjährt oder getilgt sind und nichts über laufende Verfahren. Schon hier kann eine Detektei helfen und feststellen, ob und in welchen relevanten Bereichen der Bewerber mit dem Gesetz in Konflikt gekommen ist. Bei manchen Positionen und auch Bewerbern ist es wichtig, ob die wirtschaftlich-finanziellen Verpflichtungen regelmäßig erfüllt werden. Auch hier ist die Personalabteilung am Ende, denn das Fragerecht erlaubt keine entsprechende Frage.

Neben der ideellen Motivation des Bewerbers kann dessen finanzielle Motivation für das Unternehmen interessant sein. Beispielsweise gibt es in manchen Bereichen erheblich mehr finanziell völlig unabhängige Mitarbeiter, die das Arbeiten eigentlich gar nicht nötig hätten. Das erzeugt regelmäßig Probleme mit den jeweiligen Vorgesetzten. Eine Detektei hat auch hier mehr Möglichkeiten als die Personalabteilung.

Ein Konkurs früherer Arbeitgeber kann durch die Detektei nachgeprüft werden. Auch sind die Erfahrungen früherer Vorgesetzter, Kollegen, Mitarbeiter wichtig. Diese kann eine Detektei verdeckt und ohne negative Eindrücke zu hinterlassen erheblich leichter erfassen als eine Personalabteilung.

Bei manchen Mitarbeitern wird deren Einstellung nachträglich bedauert, weil sie sich im Team uneinsichtig und bremsend verhalten. Ein Detektiv kann erfahren, wie das private Umfeld auf den Bewerber reagiert und ob er beispielsweise ein „Prozesshansel" ist. Wenn ein Mitarbeiter nebenbei selb-

ständig ist oder eigene gewerbliche Interessen hat, so wird das
bei normalen Einstellungen nicht erfasst. Ob der Bewerber
oder sein Ehepartner ein Unternehmen führt, kann durch eine Detektei erkannt werden.

**Unterstützungsmöglichkeiten durch Detektei**
– Bewerberunterlagen auf Plausibilität abchecken
– Gab es Gesetzeskonflikte? – Flecken auf „weißer Weste"?
– Werden wirtschaftlich-finanzielle Verpflichtungen erfüllt?
– Ist der frühere Arbeitgeber wirklich in Konkurs gegangen?
– Welche Erfahrungen haben Vorgesetzte, Kollegen, Mitar-
  beiter?
– Welche Meinung hat privates Umfeld?
– Bestehen eigene gewerbliche Interessen (evtl. Ehepartner)?

In der Praxis gibt der Bewerber schriftlich sein Einverständnis dazu, dass Nachfragen gestattet werden. Steht eine entsprechende Formulierung schon im Personalbogen, dann
wird der Tatort Arbeitsplatz nicht nur schneller erkannt, sondern die Einstellung des falschen Bewerbers vermieden.

Eine sinnvolle Hilfe beim Einstellungsprozess kann es nur
dann geben, wenn noch vor Unterzeichnung des Vertrages ein
möglicher Verdacht aus dem Wege geräumt ist. Es kommt also auf eine schnelle Recherche an. Gute und darauf speziali-
sierte Detekteien liefern erste Ergebnisse bereits nach drei Ar-
beitstagen. Das ist in aller Regel so rechtzeitig, dass die Wei-
chen für die Einstellung entsprechend gestellt werden können.

Allerdings – ein Problem gibt es. Bei ausländischen Bewerbern ist der Aufwand erheblich höher und die Qualität der
Detekteien besitzt eine größere Bandbreite. Im Ausland wird
in der Regel mit Detekteien des betreffenden Landes, aber unter deutscher Aufsicht zusammengearbeitet. Die Arbeit einer
Detektei kann nur der Informationsbeschaffung, der Klärung
eines Sachverhalts oder der Sicherung von Beweisen dienen.
Die Personalabteilung muss zuerst ihren Job machen. Jeder

Bewerber stellt sich im Einstellungsgespräch so positiv dar, wie es ihm möglich ist. Gewiefte Bewerber wissen in der Regel, wie sie bestimmte Schwachstellen verdecken können. Hierzu werden Bewerbertrainings angeboten und auch zu Assessment Centern gibt es vorbereitende Trainings. Manche Bewerber besuchen diese Vorbereitungstrainings, um bewusst einen anderen Eindruck zu erwecken. Diesem Wunsch können Sie durch ein Einstellungsgespräch begegnen, das die Frage- und Interviewtechnik beinhaltet (siehe oben).

Obgleich es keinen 100-prozentigen Schutz geben kann, kann sich jedes Unternehmen schützen. Es bieten sich zwei Wege an:

1. Bewerbercheck durch ausgelagerte Vertrauenskontrolle
2. Noch investigativere Arbeit der Personalabteilung

## Bewerbercheck und Kosten

Personalabteilungen sind für manche Recherche die Hände gebunden, bei anderen erhält sie nicht so tiefgehende Auskünfte wie ein Detektiv. Daher bietet sich ein Bewerbercheck durch einen Detektiv an. Der Umfang des Bewerberchecks muss individuell vereinbart werden und kann z. B. sich auf die Durchsicht der Bewerbungsunterlagen beschränken, eine Überprüfung des Lebenslaufs mit einbeziehen oder sogar bestimmte Details bei früheren Arbeitgebern erfassen. Die Aufgabe der Investigation und der Vertrauenskontrolle z. B. durch einen Detektiv ist: Keine Spuren seiner Recherche zu hinterlassen. Manche Investigationen sind von den Mitarbeitern zu ersetzen (vgl. auch: ... muss für Detektive zahlen, in Detektiv-Kurier Nr. 3/99).

Die Kosten sind unterschiedlich – je nach Umfang der Recherche und ob die Recherchen sich aufs Inland beschränken oder auch im Ausland notwendig sind. Bei einer durchschnittlichen Recherche ist mit 2.500 € zu rechnen. Weil das Unternehmen ja die vakante Stelle möglichst schnell besetzen muss, sind die ersten Ergebnisse schon nach drei Tagen beim Auftraggeber.

Allerdings erübrigt sich manche Detektiv-Leistung, wenn die Personalabteilung die Bewerber gründlicher abchecken würde. Originalton eines Verantwortlichen für Sicherheit: „Wenn unsere Personalabteilung besser arbeiten würde, hätten wir nicht so viel Arbeit."

## Wie die Personalabteilung Bewerbertricks erkennen kann

Mit einem genauem Zeitvergleich zwischen den Daten im Lebenslauf und denen der Zeugnisse erkennen Sie Fehler im Lebenslauf. Mit der Zeigefingerprobe können Sie schnell Lücken im Lebenslauf erkennen (siehe S. 24). Schließen die Daten nicht nahtlos aneinander an, sollten sie nach dem Grund für Lücken fragen. Das geschieht normalerweise im Einstellungsgespräch. Gewiefte Bewerber sind jedoch darauf vorbereitet und werden eine plausible Erklärung parat haben. Hier helfen folgende Schritte:

1. Sie rufen den Bewerber vor dem Einstellungsgespräch an und bitten um eine Erklärung der Lücken.
2. Sie nutzen die Zeit zwischen diesem Telefonat und dem Einstellungsgespräch zur Prüfung der Begründung des Bewerbers.

Wenn Sie die Bewerber bitten, die Originale zum Gespräch mitzubringen, können Sie Kopien mit Originalen vergleichen. Sehr geschickt machen Sie es, wenn Sie den Bewerber direkt vor dem Gespräch um die Originale bitten und dann zum Gespräch führen. Sicher haben Sie einen Mitarbeiter, der die Originale während Ihres Gesprächs in Ruhe mit den schon vorliegenden Bewerbungsunterlagen vergleichen kann. Nach dem Gespräch erhält der Bewerber die Originale mit Dank zurück.

Sollten Sie sich bisher beglaubigte Unterlagen zeigen lassen, so überprüfen Sie bitte ihre bisherige Praxis. Eine Beglaubigung bestätigt nicht die Übereinstimmung mit dem Original, sondern nur die Kopie mit einem vorgelegten Papier, welches nicht das Original sein muss. Ein gewiefter Bewerber durchschaut das System und kann leicht den Sachbearbeiter (der die Übereinstimmung beglaubigen soll) täuschen.

Einige Unternehmen bitten schon im Bewerbungsbogen um Referenzen. Diese werden aber nur in den seltensten Fällen tatsächlich eingeholt. Sollten Sie eine Referenz z. B. beim früheren Arbeitgeber einholen, fragen Sie bitte niemals: „Wie war denn Herr ... bei Ihnen?" Sie werden darauf keine hilfreiche Auskunft erhalten. Sinnvoller ist eine Frage wie: „Herr ... hat sich bei uns beworben und wir können aus seinen Zeugnissen nicht erkennen, wie er sich im Umgang mit Kunden verhalten wird. Bitte schildern Sie mir, wie sein Umgang mit Kunden bei Ihnen war."

Oft hat man bei einem Gespräch mit einem Bewerber ein ungutes Gefühl, das aber nicht näher begründet werden kann. In der Regel bewahrheitet sich das ungute Gefühl später. Trauen Sie einem unguten Gefühl. Wer Bewerbungsgespräche allein führt oder den Entscheid selbst und allein trifft, geht ein hohes Risiko ein. Stellen Sie als Mann den Bewerber z. B. einer künftigen Mitarbeiterin oder Kollegin vor. Es lässt sich auch eine kurze Betriebsführung arrangieren durch jemand anderes. Wenn Sie diese Person anschließend nach ihrem Eindruck über den Bewerber fragen, werden Sie zusätzliche und wichtige Informationen erhalten.

Wenn der Bewerber wissenschaftliche Veröffentlichungen angibt, sollten Sie diese (oder einen Teil daraus) lesen. Sollten Sie persönlich nicht aus dem entsprechenden Fach kommen und die Veröffentlichung beurteilen können, erkundigen Sie sich bei Fachleuten über die Qualifikation des Verfassers.

Allerdings können sie auch einen Check selbst durchführen.
Hier ist eine kurzgefasste Checkliste:

Eine detaillierte Vertrauenskontrolle durch geschulte Mitarbeiter im Personalbereich oder durch einen Detektiv kann geschehen, wenn:

| Sachverhalt | Vertrauenskontrolle |
|---|---|
| Aufgabe vorhanden bei vorhandenem MA | kann |
| Aufgabe vorhanden und neuer MA | kann |
| Aufgabe bisher nicht vorhanden, aber vorhandener MA | kann |
| Aufgabe bisher nicht vorhanden und neuer MA | sollte |
| Ungereimtheiten in den ersten Monaten | muss |
| Anzeichen für harte oder weiche Drogen | muss |
| Kontakte zu anderen MA in ihren Positionen evtl. gefährlich | muss |
| Wissenschaftl. Veröffentlichungen wurden intern überprüft | kann |
| Unangemessen hoher Lebensstil des Bewerbers | sollte |
| Bewerberangaben wurden intern überprüft | sollte |
| Absteigende Dauer der Firmenzugehörigkeit | muss |
| Karriere basiert bisher auf Job-Hopping | sollte |
| Berufliche Entwicklung seitwärts oder zurück | muss |
| Vergleichbare Position bei abnehmender Firmenbedeutung | sollte |
| Ungenaue Zeit- und Tätigkeitsangaben | muss |
| Konkurse bisheriger Arbeitgeber intern überprüft | sollte |
| Unterlagen intern auf Plausibilität geprüft | sollte |
| Unlogische Überschneidungen bzw. Lücken im Lebenslauf | kann |
| Originale mit Kopien intern vergleichen | kann |
| Fehlendes Urteil zu Schlüsselqualifikationen | kann |

*Musterformular 6: Checkliste Vertrauenskontrolle*

In den meisten Unternehmen gibt es eine Mitarbeiterbeurteilung. Auch nach Ablauf der Probezeit wird eine Beurteilung
von dem entsprechenden Vorgesetzten gefordert. Diese wird
jedoch von den betreffenden Personen meist nebenbei und
nur halbherzig erledigt. Sinnvoll ist jedoch, dass der direkte
Vorgesetzte mit dem neuen Mitarbeiter regelmäßig und
außerhalb der normalen Rücksprachen spricht. Hier ein Muster mit den Terminen und Zielen der Gespräche:

| | |
|---|---|
| Am 1. Arbeitstag | Begrüßung des neuen Mitarbeiters, Kontaktverstärkung und Informationen für seine ersten Arbeitstage. |
| Nach 2 Wochen | Bericht des Mitarbeiters und des Chefs aufgrund von ersten Erfahrungen und eventuellen Problemstellungen, die schon jetzt abgesehen werden können. |
| Nach 1 Monat | Zufriedenheit des Neuen erfahren, seine weiteren Erfahrungen besprechen und eventuelle Probleme. |
| Nach 3 Monaten | Zufriedenheit mit den Kollegen am Arbeitsplatz einschließlich der Probezeitbeurteilung erörtern. |
| Nach 5 Monaten | Es folgt die Probezeitbeurteilung anlässlich des nahenden Ablaufs der Probezeit. |

Seitens der Personalbetreuung sollten kürzere Gespräche mit dem neuen Mitarbeiter zuerst nach zwei Wochen, dann nach ca. zwei Monaten und dann nach etwa 4 1/2 Monaten stattfinden. Zwischendurch kontaktet der Vorgesetzte den Personalbetreuer, so dass der Informationsfluss gewährleistet ist. Diese Kontaktgespräche können auch aus sehr kurzen telefonischen Kontakten bestehen. Dennoch sind sie notwendig, um die reibungslose Integration des neuen Mitarbeiters sicherzustellen, um frühzeitig ausreichend Informationen für die endgültige Übernahme des Neuen nach der Probezeit zu erhalten und um Probleme schon im Keim zu ersticken.

Einstellungen und Beförderungen
sollten aufgrund fachlicher Kriterien erfolgen

Entlassungen erfolgen aufgrund menschlicher
Enttäuschung

Das können Sie vermeiden durch qualifizierte
Nachforschungen

Hier soll nicht der Eindruck erweckt werden, als ob die Welt voller Betrüger steckt. Tatsächlich gibt es aber immer wieder schwarze Schafe. Die Kunst der Personalabteilung besteht darin, diese schwarzen Schafe so rechtzeitig zu entdecken, dass sie bei Ihnen noch keinen Schaden anrichten können.

## Bitte beantworten Sie die folgenden Fragen:

Diese Fragen sollen Ihnen Gelegenheit geben, sich über die Einstellungspraxis in Ihrem Unternehmen Gedanken zu machen. Ich empfehle Ihnen, Ihre Antworten in einem kleinen Heft zu notieren. Sicher ergeben sich aufgrund dieser Fragen Verbesserungsmöglichkeiten.

1. Wie hoch ist der Prozentsatz der Personen, deren Ungereimtheiten Sie schon bei der Bewerbung erkennen?

2. Wie gut sind die Einstellenden bei Ihnen ausgebildet, Ungereimtheiten schon im Bewerbungsprozess zu erkennen?

3. Praktizieren Sie die Zeigefingerprobe und weitere Checks der Bewerbungsunterlagen?

4. Bringen die Bewerber die Originale der Zeugnisse zum Bewerbungsgespräch mit und lassen Sie sich die Originale zum Vergleich zeigen?

5. Trauen Sie einem unguten Gefühl beim Einstellungsgespräch? Was müssten Sie tun, damit aus einem unguten Gefühl Gewissheit zum Positiven oder zum Negativen hin wird?

6. Prüfen Sie den bei der Bewerbung angegebenen Konkurs eines früheren Arbeitgebers nach?

7. Lesen Sie wissenschaftliche Veröffentlichungen? Prüfen Sie das Fachgebiet oder wenden Sie sich an einen Fachmann?

8. Wie oft mussten Sie sich von Mitarbeitern trennen? In der Regel wurde von diesen Mitarbeitern schon bei der Bewerbung getrickst. Wie könnten Sie diese Tricks früher erkennen?

9. Nutzen Sie die Probezeit aus? Lassen Sie den dann neuen Mitarbeiter innerhalb der ersten drei Monate gezielt beurteilen und dann im fünften Monat erneut?

10. Entdecken Sie die schwarzen Schafe unter den Bewerbern rechtzeitig? Was könnten Sie tun, um diese Bewerber schneller zu erkennen?

# 12 Nach der Einstellung

Bei vielen Unternehmen wird sehr viel Zeit investiert, den richtigen Bewerber auszusuchen. Ist er dann gefunden, werden er und seine Arbeit als selbstverständlich angesehen und seine Motivation geht in den Keller. Die Zeitinvestition vor der Einstellung und danach stehen in einem krassen Missverhältnis. Dass dieser Mitarbeiter sich alsbald nach einer neuen Stelle umschaut, ist kein Wunder.

In diesem Kapitel finden Sie einige Gedanken, wie Sie die guten Mitarbeiter auch halten können. Diese Gedanken waren dem Verfasser im Laufe seiner Trainingspraxis wichtig. Jeder Gedanke kommt von Personen, die freundlicherweise auch den Hintergrund berichtet haben. Hinter jedem der Gedanken steht ein Fall als Auslöser.

Bei einigen Absätzen oder Gedanken gibt es als Marginalie folgendes Zeichen:

Wenn Sie zu dem dort angesprochenen Thema Details interessieren, brauchen Sie nur ein Fax an (0711) 5181111 zu senden [Telefon (0711) 512526], mit dem interessanten Gedanken als Stichwort. Dann bekommen Sie kostenlos weitere Details.

– Als Chef eines neuen Mitarbeiters könnten Sie nach einem Jahr eine kleine Zusammenkunft initiieren. Quasi als „1-Jahr-Jubiläum". Das zeigt die Wertschätzung, die Sie Ihren Mitarbeitern gegenüber bringen und motiviert alle!

– Nutzen Sie die ersten fünf Monate, in der das Kündigungsschutzgesetz noch nicht greift, zur intensiven Beurteilung Ihres neuen Mitarbeiters. In dieser Zeit ist er noch viel leichter formbar als später. Letzlich können Sie sich in dieser Zeit auch klar darüber werden, ob Sie wirklich zusammenbleiben wollen oder ob eine Trennung für beide Seiten doch besser wäre.

– Sprechen Sie regelmäßig mit jedem Ihrer Mitarbeiter über die Zusammenarbeit, neue Ideen, Kundenkontakt, Verbesserungen und weiteres. Sicher sehen Sie die Verbindung und kennen die Mitarbeiter- oder Jahresgespräche. Diese sind ja nur deshalb entstanden, weil es einige Führungskräfte gibt, die keine über die normale Delegation hinausgehenden Gespräche mit den Mitarbeitern führen. Diese „intergalaktischen" Gespräche sind aber notwendig, weshalb in größeren Unternehmen Programme dazu aufgelegt wurden. Sie brauchen dazu kein Programm – tun Sie es von sich aus!

– Fragen Sie Ihre Mitarbeiter regelmäßig, welche Verbesserungen ihrer Meinung nach eingeführt wurden. Fragen Sie Ihre Mitarbeiter auch, welche Abläufe Probleme machen oder welches Verhalten Kunden in der letzten Zeit verändert haben und Sie darüber informiert sein sollten.

– Prüfen Sie insbesondere bei Mitarbeitern, die länger als fünf Jahre auf der gleichen Position sitzen, ob nicht eine Rotation interessant sein könnte. Die Anzahl der innerlich gekündigten und ausgebrannten Mitarbeiter ist erheblich höher unter den Mitarbeitern, die schon lange die gleiche Tätigkeit ausführen.

– Zu jeder Delegation von Aufgaben gehören drei Dinge:
  1. Das Ziel, das mit der Aufgabe erreicht werden soll;
  2. Die Verantwortung, die zur Aufgabe gehört und die der Mitarbeiter übernimmt;
  3. Der Termin, an dem Ihnen entweder ein Zwischenbericht gegeben wird oder die Arbeit beendet ist.
  Bitte delegieren Sie Aufgaben nur noch nach diesem Muster.

– Sollte Ihr Mitarbeiter kündigen, so haben Sie zwei Möglichkeiten:
  1. Sie akzeptieren die Kündigung und freuen sich, dass Ihr Mitarbeiter Ihnen zuvorgekommen ist. In diesem Fall

sollten Sie sich aber fragen, ob Sie alles getan haben für eine reibungslose Integration Ihres Mitarbeiters.

2. Sie fragen Ihren Mitarbeiter, ob ein großzügiges Gegenangebot zu der neuen Position für ihn interessant sein könnte. Sollte Ihr finanzieller Rahmen das erlauben, so wird der Mitarbeiter sicher bleiben. Denken Sie auch daran, ob es die Arbeitsmarktlage erlaubt, schnell wieder einen qualifizierten Mitarbeiter zu finden und einzuarbeiten.

3. Sie lassen das Gegenangebot bleiben und denken daran, dass in den USA eine erkaufte Loyalität keine echte Loyalität ist. In den USA hat man herausgefunden, dass ca. 32 Prozent der aufgrund eines großzügigen Gegenangebots in der Firma gebliebenen Mitarbeiter doch innerhalb von 6 Monaten wieder gehen (E. MULLING in Atlanta Business Cronicle, reprinted in Managers Edge).

– Achten Sie immer darauf, dass Ihre Methode Ihre *persönliche* Methode ist. Diese muss aber nicht für jeden anderen Menschen richtig sein. Lassen Sie Ihren Mitarbeitern die Freiheit, Dinge anders zu tun, als Sie es tun würden.

– Führen Sie mit Ihren Mitarbeitern keine Brainstormings durch. Diese sind in der Regel nicht effizient genug. Stattdessen bietet sich das schnellere BrainWriting an mit der automatischen Protokollierung.

– Bevor Ihr Mitarbeiter ein Seminar besucht, sollten Sie ihn fragen, was er von diesem Seminar erwartet, wie er sich vorzubereiten gedenkt und welche konkreten Fragen er an die Seminarleitung hat. Bei der Rückkehr sollten Sie ihn zu seinen Erfahrungen dort befragen, was es Neues gab, welche Anworten er auf seine Fragen erhalten hat und wie er als Mulitplikator für die Kollegen dienen kann.

– Trainieren Sie Ihre Mitarbeiter darin, dass diese auf Sie zukommen, wenn die Mitarbeiter eine wichtige Neuigkeit haben, auf die Sie (als der Chef) angesprochen werden könnten.

 – Führen Sie kurze Meetings mit Ihren Mitarbeitern mindestens 1 x pro Woche durch. Kurze Meetings dauern zwischen 30 Minuten und 1 Stunde. Diese müssen nicht unbedingt Sie selbst leiten, sicher haben Sie geeignete Mitarbeiter, die das auch könnten. Wenn nicht, haben Sie etwas versäumt. Wenn Sie eine Sekretärin haben, sollten Sie sich an
jedem Tag für ca. 10 Minuten zusammensetzen und Aktu-
elles besprechen.

# Weiterführende Literatur

ALTMANN, H. C.: Wie finden Sie die besten Bewerber heraus? in: Deutscher Vertriebs- und Verkaufs-Anzeiger, GUTA-Verlag, Celle, 60/1993.

BOHLEN, F. N.: Einfühlungsvermögen und Selbstbestätigungsdrang – ein Schlüssel für Erfolg ... in: Deutscher Vertriebs- und Verkaufs-Anzeiger, GUTA-Verlag, Celle, 11/1997.

BÖHM, W., JUSTEN, R.: Bewerberauswahl und Einstellungsgespräch, Erich Schmidt, Berlin.

BORCHERDING, K.: Entscheidungstheorie und Entscheidungshilfeverfahren für komplexe Entscheidungssituationen, in: Irle: Handbuch der Psychologie, Band XII., 1983.

JETTER, W.: Effiziente Personalauswahl, Schäffer-Poeschel, Stuttgart.

KADOR, F.-J.: Arbeitszeugnisse richtig lesen – richtig formulieren, Heider, Bergisch-Gladbach.

KÜCHLE, E., HESSEL, P.: Zeugnismuster für die betriebliche Praxis, Boorberg, Stuttgart.

SARGES, W., u. a.: Psychologie für die Erwachsenenbildung – Weiterbildung, Hogrefe, Göttingen.

SCHLESSMANN, H.: Das Arbeitszeugnis, Verlag Recht und Wirtschaft, Heidelberg.

STEMME, F., REINHARDT, K.-W.: Supertraining, Econ, Düsseldorf.

Bei den mit diesem Zeichen ▦ versehenen Absätzen können nen Sie weiterführende Literatur direkt abrufen beim Verfasser: Dr. Fred N. Bohlen. Dazu brauchen Sie nur ein Fax zu senden an (0711) 5181111 [Telefon (0711) 512526].

# Stichwortverzeichnis

# Zum Autor

Dr. Fred N. Bohlen, Jg. 1946, ist selbständiger Dozent mit den Arbeitsschwerpunkten Einstellungspraxis, Mitarbeiterbeurteilung und Gedächtnistraining. Er ist ausgebildeter Erzieher und Sozialpädagoge. Nach dem Studium der Psychologie, Soziologie, Arbeitswissenschaften und Arbeitsrecht in Hamburg arbeitete er als Trainer in verschiedenen Unternehmen.

Bohlen ist Autor zahlreicher Artikel in Fachzeitschriften zu arbeitsrechtlichen Fragen und Themen der Gesprächsführung.

The manufacturer's authorised representative in the EU is Springer
Nature Customer Service Centre GmbH, Europaplatz 3, 69115 Heidelberg,
Germany. If you have any concerns regarding our products, please
contact ProductSafety@springernature.com

Printed and bound by CPI Group (UK) Ltd, Croydon, CR0 4YY
27/04/2026
02097646-0001